RELIGIÃO NO POVO

RELIGIÃO DO POVO

LUÍS DA CÂMARA CASCUDO

RELIGIÃO NO POVO

São Paulo
2011

© Anna Maria Cascudo Barreto e
Fernando Luís da Câmara Cascudo, 2005

1ª EDIÇÃO, IMPRENSA UNIVERSITÁRIA DA PARAÍBA, JOÃO PESSOA 1974
2ª EDIÇÃO, GLOBAL EDITORA, SÃO PAULO 2011

Diretor-Editorial
JEFFERSON L. ALVES

Editor-Assistente
Gustavo Henrique Tuna

Gerente de Produção
FLÁVIO SAMUEL

Coordenadora-Editorial
ARLETE ZEBBER

Revisão
ANA CAROLINA RIBEIRO
TATIANA Y. TANAKA

Foto de capa
RICARDO AZOURY/PULSARIMAGENS

Capa
EDUARDO OKUNO

Dados Internacionais de Catalogação na Publicação (CIP)
(Câmara Brasileira do Livro, SP, Brasil)

Cascudo, Luís da Câmara, 1898-1986.
Religião no povo / Luís da Câmara Cascudo. – 2. ed.
– São Paulo: Global, 2011.

ISBN 978-85-260-1079-6

1. Brasil – Religião 2. Brasil – Usos e costumes religiosos 3. Cultura popular – Brasil 4. Devoções populares 5. Prática religiosa I. Título.

11-10022   CDD–392.0981

Índices para catálogo sistemático:

1. Brasil: Crenças e religiões: Costumes. 392.0981
2. Brasil: Religiões e crenças: Costumes 392.0981

Direitos Reservados

GLOBAL EDITORA E DISTRIBUIDORA LTDA.

Rua Pirapitingui, 111 – Liberdade
CEP 01508-020 – São Paulo – SP
Tel.: (11) 3277-7999 – Fax: (11) 3277-8141
E-mail: global@globaleditora.com.br
www.globaleditora.com.br

Obra atualizada conforme o **Novo Acordo Ortográfico da Língua Portuguesa**

Colabore com a produção científica e cultural.
Proibida a reprodução total ou parcial desta obra
sem a autorização do editor.

Nº DE CATÁLOGO: **2734**

SOBRE A REEDIÇÃO DE RELIGIÃO NO POVO

A reedição da obra de Câmara Cascudo tem sido um privilégio e um grande desafio para a equipe da Global Editora. A começar pelo nome do autor. Com a concordância da família, foram acrescidos os acentos em Luís e em Câmara por razões de normatização bibliográfica.

O autor usava forma peculiar de registrar fontes. Como não seria adequado utilizar critérios mais recentes de referenciação, optamos por respeitar a forma da última edição em vida do autor.

Mas, acima de detalhes de edição, nossa alegria é compartilhar essas "conversas" de erudição e sabor.

Os editores

Não podemos deixar de falar do que temos visto e ouvido.
Atos dos apóstolos, 4, 20

... Porque o ver muito ensina.
Francisco D'Ollanda (1571)

SUMÁRIO

Introito 11

Religião no povo 17

Tomar bênção 41

Santas almas benditas 45

Consulta às vozes 77

Refeição aos cachorros e outras promessas 81

Minha Nossa Senhora 85

Com Deus me deito, com Deus me levanto 93

O Povo faz seu santo 101

Dormir na igreja 107

O "Padre-Nosso" da velha Cosma 111

Orações que não devem ser interrompidas 113

Deus em 1960 117

O morto é juiz 121

Santos tradicionais no Brasil 125

Horas abertas 131

Recado ao morto 133

Profecias 137

De pé no chão 147

A oração circular 151

A hora do meio-dia 155

Posição para orar 159

Com o Diabo no corpo 163

Rogar pragas 167

Da teologia popular 169

A pedra na cruz 181
Castigo aos santos 183
Aos santos inocentes 185

Introíto

*E*sse depoimento resulta de quarenta anos de pesquisa discreta e contínua. Até 1925 olhando sem ver, guardado pelo subconsciente. Depois, intencional e deliberado. A observação direta incidia sobre o normalismo nordestino. Das regiões setentrionais, centrais e sulistas, a informação viera de amigos locais e fortuitas passagens. Os livros complementaram sem que determinassem conclusões. Via o Homem no Homem e não o Homem no Livro, como dizia Stendhal. As viagens permitiram material de confronto, com ou sem endosso e aval. Evitei o fatal reflexo condicionado do "efeito" literário. Idem, a nomenclatura convencional apavorante, com o pedantismo decorativo da falsa penetração psicológica.

Não exponho superstições, bruxarias, amuleto, magia. A Fé no plano teratológico, a Esperança sádica ou masoquista, os plágios do Exotismo imaginário, anomalismo de invenção pessoal, não tiveram passe livre nessa exposição clara e simples do antigo quotidiano reverente a Deus. Nenhuma concessão ao sensacionalismo ocasional ou exibição bibliográfica. Interessava o Espírito Divino nas entidades grupais dentro da Igreja ou fora dela. O Comportamento exprimindo a convicção íntima de uma ortodoxia hereditária. Em verdade vos digo que a Imaginação não participa da minha narrativa.

Jamais existiu um autor que não estivesse convencido da indispensabilidade valiosa da sua elaboração. Mesmo a sociologia dos grilos e o dinamismo caudal nas lagartixas merecem registos transcendentes.

A paisagem humana que estudei e vivi desgasta-se rapidamente no incessante atrito dos interesses de ajustamento social e criação técnica. Não creio que os basaltos da mentalidade popular desapareçam. A nivelação horizontaliza as saliências na unidade do imperativo jurídico. A natureza específica dos terrenos não se modifica. Pelo lado de dentro, o Homem não muda. As alucinantes funções do século XX, o *Século Ofegante*, não determinaram novos órgãos de adaptação funcional. Verão que a Astronáutica não alterará a fisiologia dos seus pilotos. Um deles já conduziu no bolso uma figa da Bahia, legitimíssima.

As Culturas não são símbolos da serpente mordendo a cauda, como ensinaram Spengler e Toynbee, mas uma espiral, movimento de rotação ascendente ao redor do foco originário. Diagonais ou perpendiculares sobre o plano imóvel da linha primária. Quando caem, quando regridem, voltam relativamente à última forma. Gustavo Freytag dizia que a alma do Povo não se civilizava. Vamos dizer que muda de trajes e de instrumentos de trabalho. Ante as provocações naturais, reagem como reagiam os antepassados; com a mesma contração fisionômica, os mesmos gestos, as mesmas interjeições. O Homem voltando da Lua agradece e aplaude como faziam em Babilônia. É a lição biológica. O celacanto, um crossopterígio que nada no canal de Moçambique, vive há trinta mil séculos, imutavelmente fiel à ecologia devoniana. Quando o desenho esgota a receptividade inspiradora, torna-se esquemático, estilizado, essencial. Volta ao Paleolítico, num regresso vertical. Há quem discorde. Lembraria Boucher de Perthes em 1863: – *La verité est une si bonne chose qu'on pent bien l'acheter, mêne au prix de son amour-propre.*

* * *

Minha avó materna e suas irmãs, Guilhermina e Naninha, beata da Casa de Caridade de Santa Fé, na Paraíba, faleceram em nossa Casa nonagenárias. Juntas, contavam 277 anos vividos. Eram dos sertões do Rio Grande do Norte e Paraíba, vindas para Natal depois de 1918, ano em que iniciei as curiosidades na Cultura Popular. Foram as minhas Camenas inesgotáveis. As duas casadas e a donzela anciã documentaram a Religião doméstica e numa congregação matuta e privada, passando fome por amor a Deus e ao "Meu Pai Padre Ibiapina", fundador da colmeia de orações em cima dos lajedos paraibanos de Bananeiras, estudado em relevo por Celso Mariz.

Do Parnaíba ao Real, as vozes populares não emudeceram para mim. Já escrevendo em jornais, residi um ano na cidade do Salvador, calouro de Medicina. Fiquei com a faculdade íntima de medir a expansão imaginativa subsequente nas informações depois de 1918, referentes à Bahia. Cursando Direito no Recife, 1924-1928, não frequentei "Sociedade" mas conheci a mentalidade pernambucana porque a capital era o vértice da convergência humana do interior. Paraíba e Rio Grande do Norte, ninho familiar desde o século XVIII, participam *da massa do sangue.*

Insisto num pormenor justificador. Mesmo no Rio de Janeiro, 1919--1922, o meu interesse estava na Cultura anônima e não nas festas da então *High Life.* Amigos e livros trouxeram complementos ao material da construção, mesmo contemporâneo. Fui fiel ao conselho de Hart: – saber perguntar sem sugerir resposta. Por esse método foi possível escrever *Jangada* (1957) e *Rede de Dormir* (1959), ouvindo o ensino tranquilo dos mestres analfabetos.

Não é fácil conquistar confiança à gente do Povo sem a prévia criação de um clima de crédito pessoal. Ocorre semelhantemente nos fundamentos de qualquer população no Mundo. Não deixam de responder, mas a resposta é uma instintiva e hábil defesa ao que não lhes convinha divulgar. Disfarce e normalmente inverdade astuciosa. Notadamente nos assuntos reservados da prática religiosa, questão de vida e morte pela represália sobrenatural à delação sacrílega, recorre-se a uma informação duvidosa. Assim, pela África, é de mais relativa autenticidade o livro escrito pelo nativo que as revelações estupefacientes obtidas por estrangeiros ao ambiente. Na África o investigador *branco* está convencido que o preto não ousará enganá-lo. Pois sim.

Minha ama de criação, Benvenuta de Araújo, Utinha, grande narradora de estórias, muito religiosa na ortodoxia popular, acreditava piamente nas Orações-Fortes e tinha velhas amigas rezadeiras que prestaram à minha infância desvelada e fabulosa assistência: (*Tradição, Ciência do Povo*, VIII, São Paulo, 1971). Ficaram frequentando nossa casa, "tirando esmola", e a última mestra a falecer, Sinhá Xaninha, alcançou-me quase bacharel em Direito. Essas rezadeiras tinham pavor ao Catimbó (Umbanda não havia nessa época em Natal), e pertenciam a nobre estirpe das "mulheres de virtude", terapeutas das famílias graves, inseparáveis dos terços, ladainhas e largo santoral católico. Recordo que Santa Teresa de Jesus quebrou o braço esquerdo numa queda em Ávia, dezembro de 1577. A Priora de Medina enviou uma Curandeira que a tratou. A Santa informou ao Padre Gracián, maio de 1578: – *Parece que quedo curada*, agradecendo a intervenção da *curandera: – lo bizo muy bien la Priora de Medina en enviarla.* Esse prestígio continua persistente e vivo boa em plano de aceitação. D. Frei João de S. Joseph Queiroz, 4º Bispo do Grão-Pará, escrevia em março de 1760: – "Julgo ser melhor curar-se a gente com um tapuia do sertão, que observa a natureza com mais desembaraço instinto e com mais evidente felicidade". Foi prelado inteligente, irônico e desenvolto, merecendo de Camilo Castelo Branco a publicação das *Memórias* em 1868. Essa atração pela Medicina inicial é mais sedutora que intrinsecamente idônea. Psicoterapia invencível. Geracina, antiga empregada de meus pais, atendia consultas de *altivosas criaturas*, como dizia o poeta Lourival Açucena. Roma viveu sem médicos seis séculos, informa-me o naturalista Plínio. O médico era a tradição.

Lógico que registasse unicamente os atos populares influídos pelo credo católico. Não havendo a *intenção* religiosa, excluía-se da colheita. Era, como todo culto, menos oblação pura que súplica interessada em proveito material. Os processos rogativos são o que se afastavam da rígida ortodoxia teológica e litúrgica sem que perdessem o sentido inflexível da sinceridade vocacional. O ritual revelava apenas uma obediência à Fé antepassada.

Os preceitos pragmáticos das *minhas* Almas do Outro Mundo incidem contrariamente às lições de Mestres europeus, acatados nesses contactos, ingleses, alemães, franceses, italianos, escrevendo outrora em latim e dando itinerário ao Sobrenatural. Todos esses sábios das Ciências Ocultas jamais conviveram com pessoal e longamente com o Povo. Escreveram em seus escritórios e, anos e anos depois, o reflexo das afirmativas puramente individuais repercutia no Povo que as ignorava. As asserções, quando oralmente citadas, são precedidas das ressalvas *dizem, falam, contam*, denúncias da não integração no patrimônio circulante. As almas não protestam, e as "informações" figurarão na classe de "normalidades", para o público leitor, nunca incluindo Povo, prudentemente analfabeto. É o processo ampliador da Filosofia Hindu, elaborada na Europa, e que só existiu realmente na cabeça dos escritores. Relativamente às almas e crenças populares, esse acervo de patranhas intelectuais é justamente o que constitui a *Ciência* para os letrados, do terceiro andar para cima, bem longe do solo das verificações vulgares e reais.

Assim, paralela à Ciência oficial resiste uma *Gaya Scienza* anônima e penetrante. Águas das mesmas fontes, correndo diversas pela diferenciação dos níveis nos terrenos atravessados. O cliente permanece fiel a ambas as crenças, fazendo-as convergir para a unidade do interesse individual.

Como a matéria-prima trabalhada não foi o livro, mas a informação pessoal, é natural a divergência e mesmo o antagonismo entre as afirmativas referentes à interpretação humana. A média foi obtida na constância das alterações noticiosas. As velhas rezadeiras, Xaninha, Geracina, Inacinha, não criavam a legislação mas a jurisprudência. Não se portavam com a imutabilidade da produção vegetal. A jaqueira poderia dar mamão ou mangas sem, substancialmente, modificar-se na seiva circulante. Eram honestos mais variáveis oráculos. O Espírito sopra onde quer!

A Religião no Povo continua guardando a colaboração dos milênios. Retira do culto ortodoxo os elementos adaptáveis à devoção tradicional sob a superintendência da Fé. Esses matutos, sertanejos, caipiras, tabaréus, homens do Povo Brasileiro, tão desajeitados e concordantes, são categorias indeformáveis na intimidade profunda do Entendimento. Como o carvoeiro que respondeu ao Padre Tostado, acreditam na Igreja a coincidência com os dogmas da convicção pessoal.

No preamar editorial não se increspará em vaga essa leve ondulação na superfície letrada. Não a evitei por convencer-me de sua utilidade. É uma informação autêntica sobre aspecto raramente fixado em pormenor e jamais em conjunto. A oportunidade do préstimo inevitável responderá a próxima pergunta, quando a Psicologia Coletiva for matéria básica na sistemática sociológica sem a protofonia da Improvisação e arabescos da dedução ilocável e fantasista.

Para obter quanto essa indagação recolheu, em espírito e verdade, vivi a curiosidade na convivência e não a convivência na curiosidade.

Natal, julho de 1972
Luís da Câmara Cascudo

Religião no povo

> – *Tu és mestre em Israel e não sabes isto?*
> João, 3, 10

A Religião Católica planta-se no Brasil no primeiro terço do século XVI. Começara a terra sendo Ilha de *Vera Cruz* e Terra *Santa Cruz*, crismado em Brasil, *pau de tingir panos*, indignando o cronista João de Barros, meu Donatário. Os indígenas não tinham culto organizado e menos ainda hierarquia, ritual, teogonia. Conheciam uma doutrina vaga, intermitente, meteorológica, intimidante.

Creio que as noções indecisas de Paraíso, Dilúvio, compensações extraterrenas, foram repercussões catequéticas e bem pouco produto nativo. O Pajé era curador de males e ludicamente sacerdote porque a Medicina, em todos os tempos e lugares, foi intervenção sobrenatural através de processos mágicos, exceto aplicações do trivial com a flora do campo, jamais plantada intencionalmente no Brasil. Os entes malévolos eram torturantes e afastados pelas dádivas dispostas nas matas e lugares desertos. Ao fim do século XVI, os missionários dominavam, mantidos pelo poder militar do colonizador. O vício maior da antropofagia foi pecado mais resistente, perpetrado às ocultas sempre que houvesse oportunidade e material devorável. Como ocorreu aos judeus com a carne de porco, comendo-a escondidos. O Pajé não tinha uma teologia de oposição e, para o Brasil central e amazônico, os animais haviam ensinado o uso do fogo, da lavoura, utensílios domésticos e cerâmica. A conversão significaria deserção militar e aliança com o inimigo, sem que envolvesse atitude heterodoxa. O indígena voltava às práticas tribais mesmo depois de longos anos cristãos. Os missionários contemporâneos contam muitos exemplos desses regressos às alegrias primárias da maloca. As raras narrativas de vidas piedosas entre os aborígines são argumentos apologéticos. O indígena não deu um Santo e nem promete.

Com a diluvial escravatura africana a visão é idêntica. Sudaneses e bantos possuíam terapêuticas permitidas pelos seus deuses nada exigentes no rigorismo cerimonial, inversos aos muçulmanos ciumentos de Alá. Guardavam segredos miríficos unicamente na base do Animismo natural. Os elementos possuíam forças para o Bem e o Mal sem que uma potência superior presidisse o feitio do conjunto destinado ao amor e à Morte. Os orixás sudaneses tiveram livre trânsito nos finais do século XIX, pouco antes da manumissão dos seus devotos em potencial. Notável o silêncio das divindades bantas. Antes, já em estertores do século XVII, na cidade do Salvador viviam atos fugazes e ameaçantes do feitiço, talvez acrescido pelo bruxedo europeu, com imitações de uso e crença. A catequese para o negro fora sumária, distraída, desinteressada das reais conquistas da alma. A finalidade era manter o corpo obediente e produtor. Alma, seria necessidade do homem branco. Unicamente a escravaria contagiada pelo Islã deu trabalho a disciplinar-se nos eitos e bagaceiras ao derredor do Recôncavo baiano. As multidões pretas empurradas para a mineração em Minas Gerais, zonas do ouro e diamantes, canaviais do Norte, cafezais paulistas, poderiam reagir à fome e maus-tratos. Jamais à violação de crenças negras, diluídas no maquinalismo diário. Mesma situação em Pernambuco, depois no Rio de Janeiro e São Paulo. Indígenas e negros não defenderam os santos do seu sangue e cor. Não houve mártires da Fé, esculpidos em bronze e ébano. Mantiveram as defesas mágicas e não os atos pragmáticos do culto tribal. Distinga-se a revivescência sudanesa como atividade religiosa, notadamente complementar às práticas da liturgia branca, ao terminar o século XIX. A África reforçava a memória dos seus exilados filhos nas vitaminas das remessas incessantes. O indígena sofreu o ataque maciço da catequese e fiscalização repressiva por todos os recantos de sua geografia residencial. Seria a sensibilidade africana, e não amerindia, a detentora mais decisiva do catecismo cristão. Ainda agora, na África, o Catolicismo avança com desoladora lentidão. Os "fiéis" são meras ilhas heroicas no oceano, maometano, em constante preamar. Tal não ocorreu no "degredo" brasileiro.

* * *

O português quinhentista foi base e cúpula dos fundamentos religiosos no Brasil. Português que ficara na "Terra Santa Cruz pouco sabida", semeando os pecados da luxúria, credulidade, devotamente, alegria de cama e boca. Influência não muito sensível do catequista severo, tenaz, infatigável na castidade miraculosa, e projeção impetuosa do colono, minhoto, transmontano, beirão, embaixador legítimo do Homem autêntico de Portugal, na eternidade das sucessões intactas, teimoso, cúpido, desleixado, obstinado espalhador do sacramento da espécie nos ventres submissos, comprados na Guiné ou caçados nos matos e rechãs, raízes do brasileiro analfabeto, sabidinho, normal. Doutrinação infiltrante do sacerdote secular, impudico, cínico, ávido, generoso, natural, e não de Nóbrega, Anchieta, Navarro, anjos obstinados do puro Céu inaciano. Como esses portugueses entendiam e viviam a Fé, tal-qualmente sente e vive o brasileiro do Povo, contemporâneo e viril. Não é hipócrita, dissimulado, sonso, mas exerce a notoriedade pecadora e o jubiloso exercício dos vícios históricos. Não poderia improvisar uma casuística protetora nem resguardar a contemporaneidade mental se não possuísse a pragmática instintiva de uma Lógica milenar, racional, corrente e movente em quatorze séculos convictos. Fixo, desde o início do ciclo de adaptação cristã às manifestações fiéis aos cultos politeístas autorizados pelo Papa Gregório Magno (590-609), dada ainda no século VI. Enfrentando o problema da resistência pagã aos nascentes dogmas da Cristandade, o arguto Pontífice dedicou à nova Fé que se destinara aos Deuses gregos, romanos e orientais. África setentrional e Ásia Menor. Lembro a ambivalência poderosa de duas presenças seculares na Península Ibérica – o latitudinarismo de Roma e a intolerância moura. Quando o Brasil apareceu no derradeiro ano de século XV, o português, mareante e conquistador, era mosaico residual das religiões de que fora servidor, mantido sob o esmalte unificador do Catolicismo. No Brasil ainda recolheu as achegas feiticeiras dos *Brasis* e das *Peças* do Congo e Guiné. Respeitoso cumpridor dos deveres de "bom cristão", pai de mulatos e mamelucos, com um ecumenismo sexual e culinário, valorizou pelo uso todos os sabores tropicais. Ficou fiel ao Deus que o batizara em Portugal e, como o distante avô romano, reservou um altar oculto para a desconfiada crença nos divinos assombros das negras e cunhãs temerosas de tempestades e rumores insólitos no escurão da noite equinocial. Fácil é saber no que acredita e bem difícil precisar no que não crê. Essa coexistência explica a plasticidade sentimental brasileira, disponível às tentações do Recentismo sem íntimo abandono às crenças da tradição sem idade. "O brasileiro é de entusiasmo e não de perseverança", anotou o Imperador D. Pedro II. Esqueceu a perseverança ao consuetudinário, equivalente a uma lei de gravidade no plano da harmonia social. Essa função espontânea da dupla nacionalidade espiritual, reverente aos mistérios trazidos no sangue e deparados no clima habitado, sincera e natural, liberta-o dos casos de consciência e das angústias da Incredulidade.

* * *

Volto ao século VI, o século das escaramuças teológicas. Maniqueus, arianos, eutiquianos, monofisitas, origenianos, nestorianos, donatistas promoviam inteligência, ambições, popularidades de fumaça luminosa. É o século da codificação jurídica, Imperador Justiniano, *Institutas, Digesto, Novelas*, unidade efêmera do Império, Aya Sophia, Boécio, artífice da consolação filosófica, o último romano, comentador de Aristóteles, admiração de Santo Tomás de Aquino. Bizâncio governando Europa e Papado. Com desigual pegada passam em Roma quatorze Papas, doze canonizados, alguns com santidade discutível. É a real ponte para a Era Medieval: (*The Gateway to the Midle Age*, 1938, de E. Shipley Duckett) e W. P. Ker evidencia seu prolongamento temático pela Idade Média e mesmo Renascência: (*The Dark Ages*, 1904). Gregório Magno encerrando o VI e iniciando a centúria subsequente, letrado e hábil, evitou maior problema em massa humana, transformando os templos em igrejas e as festas dionisíacas nos ágapes fraternais, sem derrubá-los nem proibi-las. Não era o *nihil obstat* canônico mas a cristianização dos saldos pagãos pelo contágio sagrado. Resultaria uma absorção sem assimilamento descaracterizador. Os elementos heterogêneos conservar-se-iam incrustados no âmago da memória coletiva sem dissolver-se. Perfeitamente identificáveis, 1.400 anos depois. As controvérsias heterodoxas haviam desviado o interesse vigilante do Pontificado sobre as sobrevivências e continuidades do culto popular aos deuses mortos. Gregório Magno antecipou a política de Catarina de Médicis: – *Ce n'est pas tout de tailler, il faut recoudre*. "Não se sobe a montanha aos saltos mas vagarosamente", explicava. Dessa época o neocristão permitiu-se entender a Jesus Cristo como sucessor e não usurpador dos antigos deuses. Adverso, não diverso, recebendo legalmente quanto se daria outrora aos "Olímpicos".

* * *

Nosso patrício não nasceu na maloca indígena, machamba negra, ou casa portuguesa. Nasceu no Brasil e seu clima, até a morte, é a língua portuguesa e nesta o conteúdo patrimonial hereditário, predispondo, sugerindo, motivando. Apesar das negativas, mais retóricas e demagógicas que realísticas, o português não está apenas no sangue e na voz mas constituindo uma permanente motora no mecanismo da mentalidade popular. Essa conclusão só se torna evidente no brasileiro convivendo no interior de Portugal, preferencialmente no norte, nas vilas, aldeias, granjas, conversando com os personagens de Gil Vicente, contemporâneos.

Portugal do interior e Brasil sertanejo, matuto, vaqueiro, cantador, tangerino, lavrador. Regiões mantidas longe, demograficamente, do litoral urbano pelas estradas paralelas e não perpendiculares à costa. Esse isolamento feriu-se de morte pelas rodovias de penetração, levando cheiro do Mar às caatingas. A cidade industrial polarizou a sedução irresistível contra a "labuta do Campo", gado e plantio. Mesmo rompida a ampola, a essência evola-se lentamente, possibilitando uma visão pretérita e atual, a grave Wesensschau alemã.

G. M. Trevelyan explica a Idade Média terminando no século XVIII. O Brasil das Capitanias e do Governo Geral veio, pelo *hinterland*, abalar-se com os estampidos da Conflagração Europeia. A parte mental, percentagem vultosa nos usos e costumes, notadamente religiosos, resiste como penedos n'água corrente, modificando a forma exterior pelo atrito mas não a substância íntima.

* * *

A catequese cristã infiltrou-se na mentalidade brasileira nas manhãs do século XVI e segue marcha sem solução de continuidade. O curso complementar ministrou-o, através do Tempo, a cultura popular, oral e anônima, modeladora do homem coletivo e do homem particular em sua silenciosa meditação. Cultura com as disponibilidades aglutinadas desde o século VI, rede de afluentes sem pausa na caudal da sensibilidade determinante da ação. Esse corpo doutrinário é inalterável e resiste aos sucessivos reajustamentos modernizantes. Parecerá sacrílega outra hermenêutica. Não litúrgica, transformável, mas dogmática, inabalável. A razão é o *sempre foi assim*! Ensino da santa Tradição, origem do Costume, intérprete da Lei. *Consuetudo est optima legum interpres: Código Canônico*, Tit. II, 29. O Povo tudo ouve e vê, mas dificilmente muda o que julga sagrado e certo por ter sido *Ciência dos Antigos*, a voz dos Antepassados impecáveis. Na intimidade do pensamento, raciocina como o bisavô, embora manobrando mastodontes motorizados, comendo de lata, bebendo venenos destilados, envergando camisa vermelha e calça verde. A defesa instintiva respondendo perguntas hábeis sobre sua religião, é concordar, confirmar, esgueirando sorrisos astutos. Nada de comprometer-se. Identicamente aos pretos africanos e aos nossos indígenas impassíveis, atendendo sábios de kodak e gravador. "Para o preto a confidência é um sacrilégio!", dizia-me em Luanda o etnógrafo José Redinha. A confissão também não é fácil ao *scholar*. Há quem não acredite. Adiante!

* * *

A toponímia testifica a devoção assinalada em milhares e milhares de acidentes geográficos, ilhas, enseadas e cabos, rios e serras, planícies e chapadões, povoados, fazendas de gado, propriedades agrícolas, engenhos de açúcar, usinas, fábricas. 3.191 paróquias, 860 municípios, não citando distritos e antigos nomes substituídos pela bajulação corográfica, ficam o santoral católico, e também Papas e Frades vulgarizados na simpatia. 4.051 denominações provindas de atos da administração eclesiástica e civil permanecem lembrando a imorredoura Fé ancestral. Mesmo o "Padre Eterno" não foi esquecido para titular de Divinópolis em Goiás. O santo do dia batizava os descobrimentos náuticos. Impunha o onomástico aos recém-nascidos. O Imperador D. Pedro II chamava-se Bibliano pelo 2 de dezembro. O Duque de Caxias, Luís, de 25 de agosto, honra de São Luís, Rei de França. A Igreja festeja especificamente o "Dia do Santíssimo Nome de Jesus", 2 de janeiro. Santo Nome de Deus de Macau batiza terra portuguesa na China. Incluindo quantos topônimos aludam a "Santo", além da pessoa, ou outra evocação piedosa, o Céu será o limite. Invocações de Nossa Senhora, Trindade, Santa Cruz, Cruz, Cruzeiro, Paraísos e os Paraisópolis e Paraisolândias? Lembro apenas os Montes. Monte do Carmo, município em Goiás; Monte Carmelo em Minas Gerais; Monte Alverne, onde São Francisco recebeu os estigmas, é distrito no Rio Grande do Sul; Monte Horebe, Moisés vendo a sarça ardente, município na Paraíba; Monte Nebo, onde Moisés faleceu, município no Ceará; Monte Santo, sinônimo do Céu, segundo Nossa Senhora ao Papa João XXII, distrito e municípios em Goiás, Bahia e Minas Gerais; Monte Sião, Monte Sinai, flamejante cenário para a entrega das tábuas da Lei por Iavé a Moisés, denunciam a passagem do Espírito.

Lamentável a velha nomenclatura brasileira, dando fisionomia viva ao Mundo rural, ir desaparecendo, desalojada de seus nichos por uma toponomástica artificial ou funcionalmente louvadora e sucessiva pelo descrédito das égides renováveis na camararia homenagem em que o Povo é indiferente e estranho. Insensível e melancólica é essa mentalidade oportunista e fanática do transitório e do ocasional, apagando os vestígios do devotamento de gerações respeitosas ao clima social em que viveram seus antepassados.

* * *

Jesus Cristo é verdadeiro Deus em serviço e permanente auxílio ao verdadeiro Homem. Este tem sempre a iniciativa justa do comando generoso, dando forma útil à força divina em potencial. Essa é a hipótese popular.

As soluções positivas são inevitavelmente humanas e compreensivas. Os segredos impenetráveis da Sabedoria Altíssima pertencem ao Deus Pai, Padre Eterno, Pai do Céu, impenetrável, misterioso, enigmático. É para ser obedecido e não entendido. Jesus Cristo, seu Bento *Filho* é o delegado, plenipotenciário, representante para a Humanidade. O título *Nosso Senhor* refere-se a Jesus Cristo, julgando em primeira e última entrância, irrecorrível. Nossa Senhora pode tudo porque é Mãe de Deus e este não recusará atender a quem o trouxe nove meses no ventre. O Espírito Santo tem poder individual, independente de Jesus Cristo mas não contra ele, apenas inferior ao Deus Padre, criador do Céu e da Terra. É pessoa da Santíssima Trindade. Age pela presença ou projeção, porque jamais falou aos homens. Não permite muita intimidade aos seus devotos, que o reverenciam, com reserva discreta, sob feitio columbiforme, e não humano, como em Portugal (Beira Baixa, Santarém, Portalegre). Não tenho notícia de culto prestado pelo Povo ao Padre Eterno, exigente, áspero, sobretudo distante. Preferem dirigir-se às entidades habituadas *ao trato* dos pecadores, próximos, vivendo no oratório ao alcance da súplica.

A natureza humana de Jesus Cristo é a básica, orientadora e ativa. Vive essencialmente do plano da Paternidade, com a energia, severidade, decisão, autoridade da grandeza paterna nas dimensões antigas e não comprimidas nas limitações contemporâneas. A mentalidade do Deus-Filho depende do grupo étnico que o adora. A universalidade do julgamento unânime, imutabilidade do divino critério nas supremas sentenças, é uma afirmativa que a Teologia Popular ignora. É mais do que Juiz. Pode ter violências, arrebatamentos, injustiças como todos os Pais ante culpa grave, ou teimosa, do filho em idade de juízo. Mas, sente-se o Pai mesmo durante a punição. Não dá de mais nem de menos. Na conta.

Entre os homens e mulheres em que vivi e o pequeno Mundo investigado, as penas no Inferno são temporárias, alteráveis pela misericórdia, compaixão, piedade do Pai ao ver o continuário suplício de um filho por ele próprio condenado a ser entregue ao Demônio cruel, que se vinga no Homem a obra de Deus. As torturas do Inferno, no plano eterno, são inadmissíveis na sensibilidade coletiva e vulgar. "Deus castiga mas não para sempre!" No Inferno ninguém "melhora" e o castigo é uma fórmula de reabilitação. O Inferno não podia ser concebido pela Divindade. É uma criação humana, punidora da desobediência do infinitamente pequeno ao incomensurável Infinito. Mesmo que Deus lançasse seus filhos no azeite fervente e nas chamas sem fim, Nossa Senhora interromperia o martírio inominável. Todos compreendem e justificam a pena de Morte, mas repelem horrorizados os tormentos, o jogo lento, implacável sadismo do sofrimento provocado, minucioso, tranquilo, sobre a carne viva de uma criatura humana. Admitem a forca de Tiradentes mas não as tenazes de Antônio José, o Judeu. Galés perpétua. Não torrar em fogo lento, como quem assa perdiz. Ouvindo o relato, a velha Geracina concluiu: – "Isto tudo é invenção contra Nosso Senhor!". Contra, e não em serviço de Deus. Assim, a heterodoxia popular não compreende a eternidade dos castigos sobrenaturais. Ainda existem os herdeiros do primeiro crime mas o grande criminoso inicial não morreu na fogueira nem sua esposa se estorceu no cavalete. A Morte é solução primária, instintiva, natural. A Tortura é conquista do Progresso. "Técnica" da Sabedoria humana, requintando no Tempo. Esse complexo reprovador não é evitação ao domínio da Dor que tudo deforma, mas uma defesa da personalidade moral da Criatura, viva no seu corpo físico, à imagem e semelhança de Deus. A face, os órgãos sexuais, a barba, o bigode, intocáveis no gesto desrespeitoso, zombeteiro, provocador. Uma punhalada é uma agressão. Mão na cara, ofensa indelével. Rosto, imagem da "Face divina" esbofeteada no ultraje sacrílego. Distância incrível entre uma cacetada e um pontapé. É possível as pazes com quem agrediu mas não com quem humilhou. Os patriotas italianos e franceses rapavam o cabelo das mulheres que haviam "confraternizado" com os soldados alemães. Todos esses elementos têm raízes religiosas, tornadas atributos sociais, mantidos no uso sem conhecimento das fontes imóveis onde nasce a seiva mantenedora.

À minha convivência revelava-se a profunda humanização divina. O Deus presente, lógico, harmonioso, dissipador das angústias metafísicas, Porta, Caminho, Luz, para o trânsito no Mundo. Voltando do alto sertão para a cidade, curumim-açu de quinze anos sadios, fui um tanto *revenant* para as leituras piedosas, exaltadoras e publicitárias de uma Divindade que sentira familiar, simples, persuasiva, sem aquele estrondoso e confuso aparato da convicção "demonstrável". Deixara *Ele* roteiro para acompanhá-lo e os livros em seu louvor atordoavam-me dos 25 aos 73 anos, bem vividos. O clima popular, até certo nível, continua respirado por mim. Não impressão, mas reminiscência.

Quanto afirmara o insuspeito Salomão Reinach da vida primitiva da Humanidade, aplico ao meu Povo: – "em tudo que não seja exclusivamente animal, é religiosa".

Animal será sinônimo de "fisiológica". Religiosa, entreligada aos circunstantes e continuada dos antepassados. Às vezes divergente ao uso contemporâneo sem que constituísse oposição e repúdio premeditados, mas índice consuetudinário de perseverança na tradição. Não duvido que a geração dos meus netos constate unicamente as relíquias informes do que encontrei ainda unidades coesas e coerentes. Sugiro, então, não achar estranha a Fé alheia. Não fiz patrimônio dessas investigações anotando respostas mas memorizando confidências.

* * *

Configurando um "Clima religioso" representando-o numa sucessão de atos litúrgicos, sem uma aproximação psicológica mais ampla, daria reportagem, incompleta e feliz. Assistência, frequência, participação notória na Igreja incidem na desconfiança popular. *Homem rezadô não presta e nem prestô!* A religiosidade era um sentimento, expressão na mentalidade e não na constante prática de oração e sacramento. *Reza de homem é o bom proceder!* Raras missas, confissão na "desobriga" quaresmal, não dever-promessa, o Sinal da Cruz ao acordar, comer e dormir, abençoar os filhos, *salvar* na porta da Igreja, respeitar o Santo Nome, tal era o regime daqueles varões de plantação e gado. O mau desejo "ao Próximo", dizer nome feio, embriagar-se *de contínuo*, faltar com o necessário em casa, descuidar da "obrigação" (família dependente) seriam culpas sociais e não pecados a Deus.

* * *

O *Pobre* não perdera a dignidade humana. O Mendigo, humilhado e suspeito, é um produto urbano. Pelo interior viviam os paupérrimos, ajudados pelos vizinhos, mas tendo um roçadinho. Não pediam: – *tiravam esmolas*, preferencialmente às sextas-feiras quando apareciam, arrastando os pés, no círculo da coleta. O quinhão devido estava semanalmente reservado. Havia adventícios, itinerantes, gente de arribada, descendo cabeça abaixo para o inesgotável litoral. Deixar de atendê-los na coincidência das refeições seria *correr com Nosso Senhor!* Negar um punhado de farinha, naco de carne-seca, uma "sede d'água" provocavam comentários desagradáveis na vizinhança. Corria uma tradição, contada por minha avó paterna em Souza, Paraíba, registrada com o título: – *O Prato de Feijão-Verde*, típico no julgamento sertanejo de 1910. Era *de lei* dar o jejum da Paixão e uma lembrança pela Festa, Natal. Na cidade não pode haver convivência com os mendigos. Recebem e partem, com alívio para os que ficam. Para o Sertão o Pobre era conhecido antigo, vivendo no clima comum. Chegava, pedia, abancava-se. Se mulher, mergulhava na cozinha. Conversa, opinião, debate, notícia. Recebida a quota, oculta logo, erguia o sujo saco ao ombro curvo, dando a mão, despedindo-se. Como ao mendigo espanhol, davam os direitos da personalidade que a miséria não extinguira.

* * *

Certos padroeiros determinam grandes concentrações populares em suas "festas". Devoção-herança, curiosidade contagiante, maquinalismo, sugestão lúdica, atração turística subsequente. Nossa Senhora de Nazaré em Belém do Pará, São Francisco em Canindé, Ceará; Senhor do Bonfim e Bom Jesus da Lapa na Bahia; Nossa Senhora da Penha em Vitória (Espírito Santo), Rio de Janeiro e cidade de São Paulo; Bom Jesus de Pirapora e Nossa Senhora Aparecida em São Paulo, são as culminâncias. Cada capital tem suas devoções tradicionais, coincidentes com os oragos: – Santos Reis em Natal, Penha no Recife, Conceição da Praia no Salvador, Navegantes em Porto Alegre, exemplificam. Na procissão de Nossa Senhora de Nazaré, 100.000 pessoas acompanham a berlinda conduzindo a imagem. Comemoram o episódio de D. Fuas Roupinho, ocorrido em 14 de setembro de 1182 na orla do monte na portuguesa Nazaré, onde não o representam. Documentário expressivo é a *Casa dos Milagres*, com os incontáveis "ex-votos". Assistindo o Natal em Roma de 1580, Montaigne anotava: – *Ces cérémonies semblent être plus magnifiques que dévotieuses*. As nossas demonstram mais expressões públicas da Fé que um culto íntimo. A festa da Penha no Rio de Janeiro, passado o período em que foi arraial do Minho, *festada* legítima, constituiu, muitos anos, a mais viva atração para a então Capital Federal por ser, não um motivo de reverência religiosa, mas o campo experimental das músicas do futuro Carnaval.

> *Pra ver a minha Santa Padroeira*
> *Eu vou à Penha de qualquer maneira.*

Cantavam Ary Barroso e Noel Rosa.

A persistência da religião católica atravessou todas as camadas da sobrevivência politeísta e da superstição da magia terapêutica. Inesquecida para pretos e portugueses, não tenho maiores notícias dessa fidelidade relativamente aos indígenas, batizados e doutrinados mesmo presentemente nas Missões, Prelazias e Prefeituras Apostólicas, vivendo nas sedes ou nas aldeias próximas, ao alcance do sino. Os negros deixaram depoimento afirmativo de impressionante significação. Há documento histórico positivando a livre permanência cristã no espírito dos pretos escravos. Em 1795, o Capitão-General de Mato Grosso, Melo Pereira e Cáceres, mandou uma expedição militar ao Rio Guaporé e afluentes destruir quilombos e prender seus fugitivos moradores, evadidos dos serviços de mineração. Vieram prisioneiros escravos, mulheres Cabixés indígenas e descendentes crianças dos quilombolas, os clássicos Caborés, falando português e *sabem alguma doutrina cristã que aprenderam com os negros*. Nas aldeias longínquas, ocultos nas matas anônimas, momentaneamente independentes, sem coação, ameaça, imposição, haviam transmitido o catecismo dos Santos brancos e não as lembranças dos orixás sudaneses ou dos ilundos bantos. João Emanuel Pohl (*Viagem ao Interior do Brasil*, 1837),[1] refere-se em 1819 a um quilombo existente nos arredores de Caldas Velhas em Goiás: – "A três dias de viagem daqui, acha-se um refúgio dos negros escravos fugidos de São Paulo os quais erigiram um verdadeiro arraial, fortificado com pontes e fojos. O número deles é tão considerável, que se evita agredi-los. Têm eles consigo um sacerdote que aprisionaram e que tem de celebrar o serviço religioso. Os arredores desse arraial chamado Quilombo, devem ser auríferos e esses negros fazem comércio com Cuiabá". *Believe it or not.* Pohl registou a fama corrente em Goiás. Mesmo no quilombo de Palmares no século XVII, as denominações quimbundas disfarçavam organização de influência reinol. Contemporaneamente no Salvador e Recife, Pais, Mães de Terreiro, Babalorixás, fazem questão de sepultura e exéquias católicas. Céu do Padre Eterno e não de Olurum. *A Santidade*, de indígenas e negros no século XVI, fora uma contrafação do cerimonial católico. Seriam, evidentemente, as impressões mais sedutoras e poderosas para a imitação. A imitação é uma homenagem. A presença do sacerdote prisioneiro entre os escravos evadidos de São Paulo, arregimentados em Goiás, é uma vitória catequista. Essa indispensabilidade da liturgia cristã entre quilombolas positiva surpreendente projeção religiosa. Com as garantias atuais os "terreiros" não dispensam as efígies católicas.

* * *

Os primeiros brasileiros foram baianos e nasceram provavelmente ao derredor de Porto Seguro no primeiro semestre de 1501. Filhos das acolhedoras tupiniquins com os degredados Afonso Ribeiro e João de Tomar, e dos dois grumetes inominados que fugiram, furtando um esquife da nau capitânia, na véspera da partida de Pedro Álvares Cabral, noite de 1º de maio de 1500. Esses dois rapazes foram os primeiros emigrantes voluntários que a Vera Cruz recebeu. Em 1502 desembarca numa ilha austral o

---

1 Edição Brasileira da Itatiaia/Edusp, 1976, Coleção Reconquista do Brasil, v. 14. (NE)

exilado Cosme Fernandes Pessoa, futuro "Bacharel de Cananeia", com vários genros em 1525. Seguem-se João Ramalho e Antônio Rodrigues nas terras que seriam São Paulo. Na Bahia naufraga Diogo Álvares, o "Caramuru", com antecedente e confuso itinerário. A navegação oficial e clandestina durante a primeira metade do século XVI revelava cristãos no seio da indiada. A viagem de Cristóvão Jacques em 1516 denuncia o volume dos núcleos exploradores do pau-brasil, provocando a repressão portuguesa. Nesse ano alude-se a Pero Capico, capitão de *uma das Capitanias* existentes no senhorio d'El-Rei, no vivo Pernambuco.

Minha tentação não é o povoamento do Brasil mas a presença de religiosos entre brasileiros. Desde quando houve essa assistência? Em 1503 Porto Seguro é uma povoação e aí aparecem dois franciscanos construindo igreja, simples capela rústica. Dois anos depois os indígenas mataram os dois frades e alguns portugueses. Agressão espontânea ou represália? Em 1515 um frade italiano afogou-se em um rio da região, criando o topônimo "Rio do Frade". O Padre Manuel da Nóbrega informava existir, janeiro de 1550, em Porto Seguro e Ilhéus, gente batizada por *certos Padres que mandou a boa memória d'El-Rei D. Manuel a este país*. D. Manuel falecera em dezembro de 1521, dia de Santa Luzia. Mandara sacerdotes possivelmente durante a campanha inicial e positiva pelo *uti possidetis*, em que ele e o sucessor se empenharam. Em 1533 Martim Afonso de Souza deixa em São Vicente seu delegado, o possível Vigário Gonçalo Monteiro que seria a batina inicial naquela paisagem. O adelantado Álvaro Núñez Cabeza de Vaca encontra em princípios de 1541 dois franciscanos espanhóis, Frei Afonso Lebrum e Frei Bernardo de Armenta, missionando em Santa Catarina, sobreviventes de um naufrágio. Os frades acompanharam o adelantado ao Paraguai mas "é certo que depois voltaram a Santa Catarina", anota Rafael M. Galanti. Em Assunção, informa Southey, existia "uma récua indigna de frades". Os 7 ou 8 "frades de hábitos brancos", franceses que Anchieta cita no Rio de Janeiro de 1560 ou 61, dispersaram-se na morte, hostilizados pelos calvinistas.

Já seriam numerosos quando os Jesuítas chegaram em março de 1549, com o Governador-Geral Tomé de Souza, e mais o vigário da futura matriz, Padre Manuel Lourenço, raramente lembrado. Nóbrega e Anchieta dizem muito mal do clero secular da Bahia e Pernambuco, *tendo mais ofício de Demônios que de clérigos*. A descendência mestiça avultava-se, transbordante, informando Nóbrega a D. João III que o *sertão está cheio de filhos de cristãos, grandes e pequenos, machos e fêmeas, conviverem e se criarem nos costumes do Gentio*. Ao primeiro Bispo, D. Pedro Fernandes Sardinha, interessava somente os portugueses, não considerando os indígenas ovelhas do seu rebanho e nem mesmo dignos da piedade divina. Nóbrega interpretava o massacre do prelado como castigo à sua indiferença, sacrificado pelos Caetés que desprezara converter.

O clima verídico era bem diverso. O Bispo recusara enfrentar a expansão temperamental dos colonos, amando contemporizar. Em julho de 1552 escrevia a El-Rei "que nos princípios muitas más cousas se hão de dissimular que castigar maiormente em terra tão nova". Em abril de 1555 o Governador D. Duarte da Costa, ignorando a opinião episcopal, insistia na mesma doutrina: – "porque terra tão nova como esta e tão minguada de cousas necessárias é digna de muitos perdões e mercês para se acrescentar e por neste caso não haver partes". O critério era revelar culpas, apagar denúncias, perdoar delitos graves quando os réus prestassem serviços úteis à coletividade. O uxoricida Jacome Pinheiro, condenado às galés perpétuas, homiziou-se na igreja dos Jesuítas e estes o casaram com uma indígena cristã, pedindo o Governador que D. João III o perdoe. O pedreiro Nuno Garcia, assassino, degradado, trabalhou gratuitamente nas construções jesuíticas. Suplica-se liberação total. Na ermida jesuíta de Nossa Senhora da Escada, Itacaranha, oculta-se o sádico e opulento Sebastião da Ponte, defendido como uma joia e finalmente esquecido pelo Rei no Limoeiro em Lisboa. João Perez, o Gago, de São Vicente, matou escravos com açoites mas oferece rasgar uma estrada segura em local pantanoso, de meia dúzia de léguas. Perdão para ele, Alteza Real! O degradado Cristóvão Caldeira promete construir duas pontes de pedra e cal em Santos, substituindo as de madeira que a maré anualmente derrubava. Pelo "enobrecimento da dita vila, quitasse o dito degredo de Bertioga". Não era essa a moral prática e menos a Justiça de Deus derramada pelos missionários e pregadores ardentes, mas a lógica utilitária falava outra linguagem fora do púlpito e altar.

Na criação das Capitanias Hereditárias é óbvio que os donatários acompanhados pela família trouxessem capelães, padres seculares, servindo de Curas, realizando "desobrigas" nas povoações próximas, *binando* sem autorização episcopal. Na Capitania de Pernambuco, já em 1535 construíam a capela dos Santos Cosme e Damião em Igaraçu, em louvor de vitória contra um assalto potiguaré (Potiguar). Em 1536 na futura Salvador, Nossa Senhora da Graça teria ermida de taipa, testemunho do sonho da Paraguaçu. Nas Cartas de Doação, D. João III exalçava a necessidade de *celebrar o culto e Ofícios Divinos, e se exaltar a nossa Santa Fé Católica*. A Capela, crismada em igreja, com ou sem serventuário legítimo, seria um dos atos subsequentes à posse da terra, repelindo a mosquete os donos dela, de flecha e tacape. São Pedro Gonçalvez, o "Corpo-Santo, *Santelmo*, possuía em 1548 Capela na aldeia de pescadores que era o Recife. Tornada matriz soberba, veio a 1913, quando a destruíram. As paróquias foram criações posteriores, exigindo residente idôneo. Surgiram no último quartel do século quando funcionava a Vara Eclesiástica, com o seu vigário privativo, fiscalizando a regularidade dos serviços respectivos. Há registo da freguesia do Salvador em Olinda, 1540, criada pelo prelado da Funchal. Em 1551 o Papa Júlio III criou o Bispado do Brasil, sufragâneo de Funchal, na Madeira. Arcebispado em 1676, pelo Papa Inocêncio IX. Inícios rutilantes da mineração brasileira. O Brasil estava suficientemente servido pelo clero regular e secular, com as hierarquias subsequentes. Não evoco alguns frades largando o altar pelas Minas, almejando os dois tesouros. Da terra e do Céu.

O século XVI instalou as Ordens básicas do Brasil cristão. Jesuítas em 1549. Beneditinos com os mosteiros, de São Sebastião na Bahia (1581), Mont'Serrat no Rio de Janeiro (1590), São Bento em Olinda (1592), Assunção em São Paulo (1598). Os Franciscanos pregam no Porto Seguro de 1503. Os Carmelitas estão no Recife em 1580, convento em Olinda (1583) e em 1589 também no Sul do país. Os Capuchinhos aparecem no século imediato. Em 1612 vivem no Maranhão, França Equinocial, e em 1659 erguem um modesto "hospício" no Rio de Janeiro. São as colunas do fogo missionário na imensidade brasileira.

Os padres seculares desse XVI deixaram depoimentos nas denúncias e confissões ao Santo Ofício. Foram execrados pelos catequistas e amicíssimos do Povo ao qual pertenciam em ação e reação. Nenhuma discrepância no comportamento nem exceção no raciocínio. Adoravam o conviva das bodas de Caná, criando vinho, e punham-se distantes do pregador nas sinagogas, impondo restrições e sacrifícios. Simplificavam o problema do ajustamento tropical justificando a servidão compulsória e vitalícia do indígena e depois da farta utilização africana, afirmando que a amásia não se libertava moralmente pelo parto de filho do colono e a criança seria escrava do pai, sem direitos do sangue. Espalhavam do púlpito e na convivência as garantias teológicas à continuidade dominadora. A recíproca ajustava-se perfeita. O colono defendia os privilégios eclesiásticos porque eram refúgios aos seus excessos, abrigando-se à sombra protetora para a serena impunidade. Ultrapassando o equinócio, desaparecia a responsabilidade pelo pecado, sinônimo de crime nas Ordenações do Reino. A sociedade urbana constituía unidade na defesa dos direitos próprios e exigências aos deveres alheios. As lutas no foro, funcionários nativos e reinóis, famulagem do Governador e do Bispo, traficantes e fiscais, não afetavam a solidariedade natural, profunda e lógica. Os sacerdotes seculares não iam às

Missões. Ficavam no ritmo embalador da rede sesteira. Missa rápida, sossego, vênias nas ruas, talher nas famílias abastadas, jogando o xadrez e truco nas tardes lentas e ceias de garfo e colher. "Mais querençoso de ajuntar fazenda que inclinado às coisas da Igreja", como escrevia o Bispo Sardinha a D. João III. A sotaina ganhava autoridade pelo divino contacto mas o seu portador sofria as mesmas dificuldades prosaicas do colono civil, igualmente apaixonado nas rivalidades grupais, mexericos dos Paços, a mulata sestrosa e nédia, os *sobrinhos* opilados. Às vezes era proprietário ou sócio de engenhocas, pingando aguardente, ou criando gado e cabras para vender. Não entrava nas estúrdias noturnas mas mantinha tafulagem privada, sabida e comum. Quem não vigariava ou exercia dignidade prebendada, emprego na Cúria, avulsão folgada, disputava capelania nos Engenhos de açúcar no Recôncavo baiano ou ao redor de Olinda, no rumo de Iguaraçu, Cabo, Ipojuca, Goiana, nos vales pernambucanos. O Jesuíta Fernão Cardim elogiava o bom-passar dos capelães dos Engenhos na Bahia de 1583. Cinquenta mil-réis anuais e refeições na interminável mesa senhorial. Um desembargador percebia trinta mil-réis. Luiz de Camões tivera quinze, em 1572, depois de publicar *Os Lusíadas*.

As Ordens regulares afastavam-se um tanto pelo recato, severidade, disciplina quanto a fraqueza da carne permitisse. A nitidez doutrinária impossibilitava maiores e notórios entendimentos, concessões, alianças. Ninguém seria mais admirado e menos querido que o Padre Antônio Vieira.

* * *

O Brasil não conheceu a fauna bulhenta dos frades foliões, bebedores enamorados e sereneiros, como pululavam em Portugal. Menos ainda os conventos de freiras amorosas em trezentos anos sentimentais. Não vimos outeiros nem serenins. Nem chichisbéus nem freiráticos. Inversamente, no Brasil, os frades não se confundiram demasiado na convivência vulgar, mesmo possuindo os constantes medulares versos, mulher e Política. O clero secular em Portugal é que não se dissolveu nos costumes, salvo os abades patriarcais e prolíferos criadores de uma literatura lúdica e lúbrica, e também artífices da tranquilidade nas aldeias. Não vimos a participação letrada, unitária e teimosa, impenetrável às influências estrangeiras no feitio de Filinto Elísio e de José Agostinho de Macedo. No Brasil retirando um raro Frei Caneca, é o presbítero de São Pedro e solidário intelectual e mártir de revoluções e eloquências liberais. Deles parte uma mística de ação, imposta pela personalidade irresistível,

Padre Ibiapina, Padre Cícero, Padre João Maria. O frade não se tornou íntimo porque o homem do interior não os conheceu pastoreando a freguesia, mas tempestuosos e ameaçadores nas Santas Missões, bradadas pelos apocalípticos Capuchinhos. Serão, para o Povo os videntes, profetas natos, sabedores do futuro, Frei Vital de Frascarolo, Frei Serafim de Catania, adivinhando pecados e "obrando milagres". O prestígio do grosseiro burel deslumbrava. Com o hábito de monge é que se imortalizou "São João Maria", abstêmio e ascético, dominador popular por Santa Catarina e Paraná, possibilitando a falsa ressurreição no aventureiro Miguel Lucena da Boaventura, o "Monge José Maria", morrendo em combate aguerrido e afoito, seguido pela multidão fanática, pronta ao sacrifício. De túnica talar, voz cavernosa, frugal e sibilino, Antônio Conselheiro, o "Bom Jesus Conselheiro", abriu um capítulo emocional e bravio em Canudos e na História do Brasil.

No comum e natural, a confissão não interrompia os vícios que possuíam uma lógica custodiante. Jamais, entre o homem ou a mulher do Povo, apareceu caso de consciência e dolorosos escrúpulos limitadores do saboroso acesso aos frutos vedados.

O Santo Ofício, que se arrastou à primeira década do século XIX, policiava, de fogo e poltro, o matriz heterodoxo mas nunca morigerou costumes habituais, tolerados o Clero, Nobreza e Povo. O judeu Antônio José da Silva foi queimado vivo em Lisboa, em outubro de 1737 sob D. João V, prevaricador profissional contra quase todos os mandamentos da Lei de Deus. Por escândalos e crimes nenhum fidalgo foi às fogueiras purificadoras, passando pelo prévio purgatório das sevícias torturantes. Gostaria de saber que pecado capital ignorou o Senhor Dom Francisco, irmão d'El-Rei, magnata sádico de Queluz, onde morreu de indigestão, como o Imperador Cláudio, menos cruel que o espantoso Infante, assassino onipotente e esquizofrênico, cujo espectro vagueia pelas alamedas do seu lindo Paço, gemendo tardias contrições.

Sem a intervenção minuciosa e suspicaz do clero na vida mental, lenta e coerente, do Povo, foi possível a manutenção da herança intocada de receitas e conceitos para julgar as ocorrências do quotidiano. Essencial ao equilíbrio estável era a satisfação notória dos deveres cristãos, as "obrigações" ao culto, e não a vivência doutrinal cristã. O entendimento popular não sente incompatibilidade alguma entre seu pensamento aferidor das coisas e a consciência do Catecismo, vagamente pressentido e venerado em potencial. Evita a exibição ante o ministro sagrado que executa outro processo aliciante da Divindade. Quanto pensa e pratica fora natural e lícito. Assim, conserva, intatos, os Santos dispensados do Calendário, alguns de inarredável predileção.

Abre um sorriso superior às justificações da Santa Sé Apostólica para a sua supressão dos oragos, cuja autenticidade o Espírito Santo outrora garantiu aos Pontífices promulgadores dos dias votivos. O Santo nunca existiu mas os devotos não abandonam a posição reverencial ante o altar deserto que a Fé continua iluminando.

Na Guiné ainda os pretos madeireiros pedem perdão às grandes árvores que derrubam. Esse respeito, através da disciplina que o leva à obediência, no homem *qualumque* brasileiro reveste-se de um exterior indiferente e maquinal porque a submissão não inclui a percepção do motivo. Apenas reponta uma curta frase de humor irônico, libertando-se da solidariedade ao ato que executa. "Só peço a Santo velho! Gente nova não me conhece!" Replica à portuguesa: – "A Santo que não conheço, nem rezo nem ofereço!".

Os alemães dizem que as águas profundas são calmas. Na proporção que subimos para as camadas superiores na superfície social, as águas da Fé refervem na inquieta mobilidade, dóceis aos ventos de todas as seduções contraditórias. Para o Povo o Sobrenatural é lógico pela simples evidência, explicando-se pelo próprio mistério impenetrável às argúcias da curiosidade humana. Ao contrário dos Intelectuais, o popular não se interessa pela explicação ao fenômeno mas unicamente por sua interpretação. Tem a intuição do silêncio impassível a todas as perguntas, infalíveis e inúteis. Esse capital defendia a invasão dos anseios revolucionários no plano religioso. Uma densidade mental impossibilitando a penetração remodeladora. Assim, as modas modificavam dificilmente as velhas preferências, quando na sociedade urbana as predileções eram instantâneas e sucessivas. A visível preponderância de cores e feitos "modernos" avança lenta e custosamente no interior do país, independendo do fator financeiro na aquisição. A sedução se exerce pela gente nova, desarmada das razões antigas, tornando-se afluentes do Comum. O Povo não sofre angústia metafísica, não por julgar inacessível o conhecimento das origens, mas simplesmente por *já saber*. Não o *porquê*, mas *para que* utilitário. Deus nem sempre permite entender-se no primarismo da nossa captação intelectiva. Augusto Comte renunciou ao itinerário abstrato às fontes especulativas, e o Povo também. Apenas, porque herdou a *Ciência dos Antigos*. A Pura Verdade pertence a Deus! Contente-se o Homem com as laboriosas inutilidades pesquisadoras, como desejava Lessing.

* * *

A presença portuguesa no Brasil não motivou a indolência luxuriosa, violência cruel, cupidez bárbara, "constantes" na paisagem humana da Índia. As campanhas missionárias não tiveram inferiores catequistas entre os hindus aos destinados ao Brasil, onde nenhum deles alcançou o altar. Para as Índias correram as exaltações, poemas, obstinada e contemporânea simpatia ao espetáculo de sua História movimentada e bravia. Com todos os requintes da euforia declamatória e os ciúmes consagradores da devoção patriótica, Goa e seu pequenino Mundo não conservariam a fidelidade mental aos dominadores de quase cinco séculos. Em percentagem avultada o goense foi português na estatística. Costumes, devoção, linguagem seriam legítimas defesas à repressão lusitana. Sempre predominou o Induísmo (Vaishnavas, Sivaitas, Saktos) sobre o Catolicismo, além do terebrante Islamismo. Goa, Damão, Diu dissolveram o português como o guarani paraguaio ao espanhol. No Brasil o escravo africano não ofereceu resistência. A pouca densidade cultural aborígine deixou-se impregnar pelo colonizador. Os próximos 100.000.000 de vozes mantendo o idioma na América Austral pulverizam toda retórica adversa. Quando, de 1583 a 1590, o jesuíta Fernão Cardim visita o Brasil amanhecendo, de Olinda a Piratininga, reencontra Portugal na alimentação, costume, e mesmo na mentalidade popular nascente. Depara o que não veria na Índia, os Santos no Povo e a Fé nas almas. Esse inalterável matiz cristão possuirá no Brasil sua máxima intensidade, como não se verificaria, ainda hoje, pelas Províncias Ultramarinas, incluindo Macau e Timor. Nenhum desses povos nascera depois da vinda do colonizador, como o brasileiro de 1501, cujas mães amerabas e pais portugueses assistiram juntos a Missa de Porto Seguro, rezada por franciscano, antes que os filhos fossem gerados.

O fator demográfico na Índia seria favorável à cristianização eficiente, dada a reduzida superfície geográfica e alta espessura populacional, facilitando a dispersão do ensino doutrinário. No Brasil, a imensidão territorial compensaria a rarefação cultural, permitindo a penetração catequista no nevoeiro das religiões locais. Os africanos, vindos para o cativeiro, atravessavam o mesmo estágio de indecisão e vaguidade quanto às doutrinas crismadas em superstições negras. Excetuavam os pretos islamizados, Malés, Malinkes, Mandingas, ficando surdos às pregações e guardando as lições maometanas, para uso discreto e contínuo. Mandinga e mandingueiro ficaram sinônimos brasileiros de bruxedo e feiticeiro.

Goa possui cem igrejas e mais de cinquenta conventos e fora designada a *Roma do Oriente*. "Quem viu Goa não precisa de ver Lisboa!" *The most sumptuous city ever built by Europeans in the East*, quando deixou de ser portuguesa (dezembro de 1961, 451 anos de posse, 4.250 K2 totais, os católicos eram, realmente, minoritários. Sua população multifária apresentava uma coesão insuspeitada, pensando-se nas várias origens religiosas, mas extratificadas pelo Tempo. A conversão molhara apenas os telhados e fachadas expostos à curiosidade fiscalizante dos novos dominadores. Lembrava a multidão de japoneses e chineses batizados por São Francisco Xavier e desaparecidos como névoa ao sol. O brasileiro do século XVI não tivera antecedentes que se confundissem aos preceitos católicos, como incas e astecas. Quando o hindu reunia as várias interpretações e ritos, o brasileiro apenas superpunha, através de gerações, as modificações doutrinárias que a santa Sé Apostólica ia comunicando aos fiéis. A heterodoxia popular no Brasil é uma sobrevivência vertical. No hindu seria a horizontalidade dos cultos, teimosos nos resíduos mnemônicos. Observo apenas que o homem do Povo reside no mesmo edifício religioso mas recusa instalar-se nos andares superiores contemporâneos, litúrgicos e dogmáticos. Não renova seu mobiliário intelectual por achá-lo confortável e recordador do uso antepassado e familiar. Essencialmente, é um católico muito lento em atualizar-se.

* * *

O velho Clero fora outra base de sustentação conservadora. A Teologia do Seminário evaporara-se no desuso e jamais tivera caso de consciência para esclarecer e desatar dificuldades dialéticas. Quando possível empurravam um sobrinho para *os estudos*, sonhando fazê-lo colega no sacerdócio. O Padre Brito Guerra, Senador do Império, ordenou quase uma dezena. Esses padres detestavam cismas, abstrações, sonhos misteriosos, misticismo, *cavilações* femininas. O Padre João Maria, que os natalenses canonizaram, indignava-se com as orações intermináveis das beatas depois da Missa. Mandava Zé de Titia fechar as portas da Matriz. "Vão p'ra casa! Fazer café p'ros seus maridos!" Às meninas langues e suspirosas, de muita medalhinha no busto empinado, resumia: – "Deixa depantim, menina! Você precisa é casar!". A *vocação* religiosa, notadamente para as devotinhas, era motivo sagrado e prudente, digno de exame e vagar. Não "fez" nem uma freira. Dizia uma temeridade concordar-se com as confidências alvoroçadas da nubilidade impaciente. Casto e frugal, compreendia o sexo e o estômago, como São Goar, que suspendera sua capa num raio do Sol. Foram os ditadores da tranquilidade, desmoralizando o Diabo pela zombaria às tentações. Monsenhor Joaquim Honório, de Macau, a quem uma mulher dissera ter visto Nossa Senhora, explicou: – "Isso é porque você está sofrendo do estômago!". Tinham pavor do fanatismo, escrúpulos, exageros, visões. Num Retiro do Clero em Natal, debatia-se a questão castidade sacerdotal. Perguntava-se que faria o padre encontrando no seu aposento, altas horas calmas, uma donzela ardente, apaixonada, desnuda? O Padre Afonso Lopes Ribeiro respondeu, sincero: – "Ah, Senhor Bispo! Essa felicidade não é para o Padre Afonso!". Tempos depois, agosto de 1912, D. Joaquim, I Bispo de Natal, suspendeu-o de ordens, mas o sucessor, Dr. Antônio dos Santos Cabral, restituiu-lhe a dignidade, nomeou-o vigário de Areia Branca, em 1918, onde era estimadíssimo.

A cultura era dada pela leitura do Breviário, que alguns diziam "Longiário". No mais, bom-senso, simplicidade e sobretudo o conhecimento admirável do ambiente humano, entendendo-o e fazendo-se entender. D. José Tomás, I Bispo de Aracaju, teimando legalizar a vida conjugal de um fazendeiro, procurou-o, numa visita pastoral, e soube que se ausentara. O prelado, certificando-se que uma pegada no terreiro pertencia ao dono da casa, curvou-se, fez o sinal da cruz, resmungando latim. Voltando-se para a reverente senhora, informou-a: – "Diga ao seu marido que ele está casado pelo rasto! Vá receber as santas bênções, amanhã!". Foi embora, e o fazendeiro, crente nos exorcismos a distância, não duvidou do vínculo, indo com a mulher receber as bênções que foram realmente o matrimônio. Em que *Ordo Divini Officii* D. José Tomás aprendera a "casar pelo rasto?" Certo é que terminara um mancebio ostensivo.

Era um encanto ver esses antigos vigários escutando os entusiasmos dos seminaristas ou a superior sapiência dos jovens sacerdotes recém-ordenados, "pingando óleo", dizia Monsenhor Alfredo Pegado, o veterano Vigário-geral de Natal. Possuíam uma "Fé de carvoeiro", veneração pelo Papa e respeitosa distância ao Senhor Bispo. Na face litúrgica, cumpriam as instruções modificadoras, mas a Fé palpitava, poderosa e muda, na mesma ortodoxia popular, a do seu tempo de menino, aprendida com os pais. O Padre Manuel Paulino, do Caicó, afirmava, solene: – "Minha batina não peca!". Naturalmente por não vesti-la nas repetidas proezas *pro salute*. Com seus pecados tropicais e masculinos, ressalvando os cautos ou castos, esses Padres eram exemplares de honestidade, desinteresse, lealdade, limpos de ambição e ganância. Morreram, pelo Brasil imenso, pobres. Viveram livres dos crimes contra o Espírito Santo. Estavam permanentemente sentindo a presença de Deus. Voavam sobre todas as dúvidas e tentações heterodoxas. Não mais distinguiam as características heréticas nem a essência capciosa de suas doutrinas. No princípio era a Fé, e não o Verbo! Sobre essa Fé a Igreja fora edificada. Eloquência, razão, o derrame da memória erudita, jamais substituiriam o incomparável fundamento. Amas-me? Apascenta minhas ovelhas! Pedro dormira na vigília e negara na prova mas não duvidava do Cristo, Filho do Deus Vivo! Inútil prever as modalidades interpretativas da Justiça divina. O Padre Pinto (José Antônio da Silva Pinto), vigário de Augusto Severo, lento, gordo, sereno, escrevendo versos e compondo solfa de modinhas líricas, afirmava: – "Nem os anjos sabem a escrituração do Céu!". Se não crer, nada verá. *The doors are closed!*, disse Rudyard Kipling a Gustavo Barroso. Como Eduardo Prado, os velhos padres pensavam que Deus tudo perde em clareza posto em retórica. Atualizar esses últimos contemporâneos de Leão XIII e Pio X seria esvaziá-los de toda substância íntima, enchendo-os de vaporações fosforescentes e sedutoras sem as esperanças da continuidade.

"Mais uma palavrinha!", como prolongava a alocução o I Bispo de Mossoró, D. Jaime de Barros Câmara, terceiro Cardeal-Arcebispo do Rio de Janeiro. Esses sacerdotes tiveram influência sobre os paroquianos das cidades pequenas, vilas e povoados com capela e desobriga pelo Natal e Quaresma. Foram as gerações da unidade e da síntese, sucedidas pelos algebristas da divisão e da análise.

* * *

Um elemento poderoso para essa persistência mental cristã era a longa residência dos vigários nas sedes de seus ministérios. Os nomes tornavam-se inseparáveis das denominações paroquiais como títulos de nobreza. Meio século de permanência conquistava uma conterraneidade pelo *Jus soli*. Tinham casado a metade da população e batizado os sobrevindos. Era *Padrinho Vigário ou Compadre Vigário* para toda a gente. Possuíam uma pequena propriedade agrícola, o *sítio do Vigário*, ajudada por todos. Os rendimentos do altar e da estola não garantiriam a manutenção decente. *O sítio* proporcionava víveres. Figurava como lei sagrada a *lembrança* de todos os produtos da terra, infalivelmente enviada. Na *ferra*, o bezerro, mantas de carne-seca, queijos, farinha nas "desmanchas", milho, rapadura, fumo-de-corda para o *torrado*, rapé complementar à digestão vigarial. Pelo Natal, *as festas*. Vez por outra, sapatos de fivela, batina nova, chapéu redondo com borlas, presente dos compadres ricos voltando da "praça", a capital. Com ou sem, quase sempre com família, "sinhá Rita do Vigário", constituíam autoridade soberana, indiscutida, irrecorrível, mantendo por ação catalítica a unidade do culto na região fiel. Era o diapasão normal soando pelo interior do Brasil inteiro. A multiplicação das paróquias e o decréscimo sacerdotal, insuficiente para o divino serviço, modificaram o clima estável das vitaliciedades resignadas. As novas gerações locais, aciduladas pela educação, viagens (as rodovias para o litoral), os adventícios fixados nas vilas ou fazendas dos arredores, alteravam a temperatura, influindo na mentalidade dos neossacerdotes desajudados da iniciação na paciência. Instalavam construções, institutos catitas, técnicas modernizantes e desfiguradoras das velhas matrizes, arrasadoras dos altares venerandos e feios, Santos bonitos e recentes, elegâncias ornanentais, Congressos Eucarísticos, publicidade, água viva perturbando a tranquilidade do antigo poço, imóvel e satisfatório ao consumo das almas. Apareceu a classificação econômica das freguesias, boas ou más, relativamente aos proveitos do titular. Os recém-nomeados, em larga percentagem, consideravam-se em trânsito, sonhando, de galho em galho, aninhar-se na fruteira de Capital, com emprego estadual ou federal, capelão indiferente de Missas maquinais, servo de Deus em serviço de César. Partia-se o fio da tradição irrecuperável. A sucessão incessante dos pastores anoitecia a disciplina visual do rebanho, incapaz de fixar estima e confiança nos párocos mutáveis como glórias de jornal. Antigamente os vigários faziam a paróquia, longa e lentamente, com esperança e tenacidade infatigáveis como abelhas ao cortiço. Não aguardavam o *prato feito*, como em restaurante *self-service*. Alcançavam a indisputável autoridade pela convivência familiar através das décadas vagarosas, figura inseparável em todos os momentos festivos ou trágicos. Foram entidades estáveis como um acidente geográfico. Contemporaneamente passaram à classe vulgar dos funcionários transferíveis, como o delegado de Política, Coletor, Telegrafista.

Não me refiro às famílias das cidades e zonas suburbanas, vivendo no encontro das águas remoinhadas da renovação turbulenta, nas camadas superiores à média social. Mantêm uma Fé intermitente e *cock-tail*, variada e capitosa em que a prática consiste em curiosidade e movimento empurrado pelos derradeiros impulsos do Hábito, com bem pouca consciência volitiva. As criaturas complementares da cidade, as mais afeitas às tarefas sem interesse na valorização publicitária, funcionalismo de pequena categoria, vendedores ambulantes, carroceiros, carregadores, engraxates, criadagem confusa das cozinhas hoteleiras, operários não especializados, no fundo das oficinas, garagens, tipografias, as últimas empregadas domésticas, ainda nascidas depois de 1920, enfim Povo, representam a legitimidade das crenças tradicionais na circulação policolor e deformante da Cidade Grande. Há, naturalmente, sedução de Umbanda e Feitiço, nivelando-se nesse ângulo com a *Gente-Bem* das recepções lindas e dos agrados pérfidos.

É preciso muita urgência em concluir para indicar-se unidade cristã nas Cidades e mesmo maioria real. Exceto Londres, onde o *common sense* afoga as exceções excêntricas do *gin and wise*, não há cidade na Europa com uma distinção característica no nível da Fé. São todas *mixed-pickles*, incluindo Roma com anedotário anticlerical superior ao de Paris romântica. *Madrid roja* e Lisboa carbonária. Para o interior desses países, o observador tranquilo depara o mesmo sentimento espiritual antigo, cauto, dissimulado, firme no solidarismo recatado e íntimo, tal-qualmente ocorre no Brasil. É preciso lembrar que Jerusalém não é católica nem Constantinópolis maometana. Não creio nas estatísticas religiosas de New York, Moscou e Pequim, como desconfio dos resultados obtidos no Rio de Janeiro, Buenos Aires e Santiago. Não terei semelhante impressão referindo-me ao lavrador, artesão, criador de gado ao derredor dessas cidades. Respeitarei a discordância, mas não a sinceridade.

A convivência concordante garantia a unanimidade, comprovando a opinião da *brave dame de province*, amiga de François de Witt-Guizot *Je ne discute jamais qu'avec des gens de mon opinion*. O homem do Povo é, naturalmente, discutidor, exceto nos assuntos da Fé religiosa. O íntimo e profundo oratório mental é devoção pessoal e solitária. Não faz procissão ou debate literário, dando moldura às ideias da sala de visitas. As "Santas Missões" sopravam as brasas do culto, brasas inapagadas no borralho do Tempo.

Lógico que a convivência, multiplicada pela facilidade das comunicações motorizadas, dará fim a essa atmosfera secular. Será um *morrer devagar* como o Rei D. Sebastião em Alcácer-Quibir. Convivência mais exterior que doméstica. Ocupações, trabalhos, preocupações variadas que o Deus Progresso carrega no seu manto despótico, impondo a indispensabilidade das técnicas de produção, dissipando o Tempo vagaroso. Sobretudo, revelando processos novos de recreação, diversões, divertimentos na sociedade que nasce das horas disponíveis das tarefas grupais e comuns. O sacerdócio familiar iniciando o culto da Tradição dispersa-se nos miúdos encargos renumeradores da energia. Os assuntos são outros. No leito manso do córrego sertanejo passa o impulso denunciador das marés irresistíveis, empurradas pelo oceano das cidades distantes e poderosas.

Tomar bênção

No meu tempo de menino tomava-se a bênção matinal e noturna aos pais, avós, tios, primos dos pais, padrinhos, professores, sacerdotes, e a qualquer velho respeitável. Também aos visitantes ilustres. Pedia-se a bênção pela manhã e ao dormir: (*Números*, VI, 24-27). "Aquilo é tão ruim que o Pai negou-lhe a bênção!" Excomungado doméstico. A poetisa Estela Griz Ferreira, esposa do poeta Ascenso Ferreira, nova e bonita, surpreendia-se no sertão de Pernambuco vendo os moços trabalhadores rurais, robustos e sadios, pedirem-lhe a bênção vespertina, como a uma matrona. Não fora hábito privativo de submissão escrava mas uma tradição, imemorial e comovente, derramada pelos portugueses em todos os lares do Brasil. A dádiva da bênção, em nome de Deus, estabelecia um liame do solidarismo familiar e sagrado. Filho de bênção, o afortunado. Amaldiçoado, sem a bênção dos pais. Voto de felicidade. Respeito. Proteção. Confiança. *Bene-dicere*, bem-dizer. Havia uma bênção augural para todas as coisas e entes. *Benedicite, ommes bestiae et pecore, Domino!* Casas novas. Engenhos de açúcar. Estabelecimento comercial. Lugares mal-assombrados. Exorcismos. Expulsão do Demônio e da Desgraça. Os negros velhos, cativos ou alforriados, abençoavam os netos brancos do antigo Senhor. As Mães Pretas eram indispensáveis no gesto propicial. *A redenção de Cam*, o quadro de Modesto Brocos (1895).

O arcaico *Bendição* mantém-se na prosódia oxítona e popular e não no paroxítono letrado e rico. "Dindinha, bote-me sua bênção!" Meus filhos já não me pedem a bênção e os netos ignoram o gesto, breve e lindo. Encanto para mim ver a jovem Maria Claudina, de Capela, no Ceará-Mirim, mãe de quatro filhos, estendendo a mão para minha mulher, pedindo a "santa bênção". Dahlia é sua madrinha de fogueira, no rito festivo do São João Matuto. Era reconhecimento de autoridade moral, de quem se recebia o salvo-conduto diário. "Não tomar a bênção a ninguém" valia pregão de independência selvagem, liberdade despeada de todas as travas disciplinares, divinas e humanas.

Eu tando determinado
Não respeito nem o Cão!
Levo onça no sopapo
E tigre no empurrão.
Não dou boa-noite a velho
Nem peço a ninguém bênção!

Pois eu vou no meio-do-Vento
Sem saber pra onde vai;
Desço na força do raio
Sem saber adonde cai!
Não faço festa a vigário
Nem tomo a bença a meu Pai!

Aos descuidados da vida prática e alheios às responsabilidades da família, prognosticavam: – "Aquele acaba tomando bença a cavalo e chamando bode 'meu tio!'".

O complemento instintivo da bênção era pousar a mão na cabeça do abençoado infantil. A bênção seca e distante destinava-se aos adultos. Parecia uma carícia mas tinha outras raízes históricas. Provocou a frase *Passar a mão pela cabeça*, valendo a intenção da desculpa, perdão, relevar vício, defeito ou mesmo crime. Como se o gesto tivesse a faculdade do apagamento, olvido, absolvição de todas as culpas. É, sem que o Povo conserve a justificação milenária, um ato de remissão, misericórdia, inculpamento. É a bênção dos avós.

Era a bênção dos israelitas, dos Patriarcas e Apóstolos, do Velho Testamento. Fórmula sem idade que os hebreus aceitaram e continuam praticando, considerada nos períodos dominadores da Santa Inquisição, índice de obediência à Lei Velha de Moisés. No *Monitorio do Inquisitor Geral* (Dom Diogo da Sylva, Bispo de Ceuta, Évora, 1536), mandava-se investigar *se os pais deitam a bênção aos filhos, pondo-lhes as mãos sobre a cabeça, abaixando-lhe pelo rosto abaixo sem fazer o sinal da Cruz, à forma, e modo judaico*. Assim em 1859, o poeta Frederico Mistral viu ser abençoado o banqueiro Moisés Millaud: – *s'incliner devant son père qui, lui imposant les mains à la façon des patriarches, lui donna sa bénédiction*.

Num relevo em marfim existente na Biblioteca Nacional de Paris, vê-se o próprio Jesus Cristo abençoando dessa forma ao Imperador do Oriente, Romano IV Diógenes e sua esposa Eudóxia, em 1067.

A cerimônia da imposição da mão conservava-se no processo litúrgico católico em sua legitimidade tradicional. No diaconato, o Bispo punha a mão direita (mão de bênção e do anel episcopal, já existente no ano de 610) na cabeça do ordinando, dizendo em latim velho: – "Recebei o Espírito Santo. Ele será vossa força para resistir ao Demônio e suas tentações. *In nomine Domine*". Na ordenação do presbítero a cena se repetia mas em silêncio. Todos os sacerdotes estendiam a mão na direção da cabeça do novo companheiro a quem o prelado impunha a mão ungida. Na sagração dos Bispos ainda reaparecia imposição da mão. A frase é rápida, de impressionante energia. "Recebei o Espírito Santo!" O sagrante e seus assistentes impunham as mãos sobre a cabeça do novo Bispo. Era a transmissão da graça sacramental da Ordem Divina.

Ignoro se o Concílio II Vaticano modificou o cerimonial.

Inicialmente em Jerusalém a eleição sagrada procedia-se por escrutínios ou sortes. Assim fora eleito o primeiro apóstolo após a morte de Jesus Cristo.

"E lançando-lhes sortes, saiu a sorte sobre Matias. E por voto comum foi contado com os onze apóstolos": (*Atos dos Apóstolos*, I, 26). Mas os sete primeiros diáconos foram sagrados pela imposição das mãos. "E os apresentaram ante os apóstolos, e estes orando, lhe impuseram as mãos": (*Atos dos Apóstolos*, 6, 6). Paulo e Barnabé da mesma forma mereceram os títulos apostólicos. "Então, jejuando e orando, e pondo sobre eles as mãos, os despediram: (*Atos*, 13, 3). Paulo lembra imperiosamente a fórmula: – "Não desprezes o dom que há em ti, o qual te foi dado por profecia, com a imposição das mãos do presbítero": *I Epístola a Timóteo*, 4, 14. "Por cujo motivo te lembro que despertes o dom de Deus que existe em ti pela imposição das minhas mãos": *II Epístola a Timóteo*, 1, 6. E a doutrina seria explicitamente resumida na *Epístola aos Hebreus*, 6, 2. "E da doutrina dos batismos, e da imposição das mãos, e da ressurreição dos mortos, e do juízo eterno". Era a comunicação habitual do Espírito Santo: *Atos*, 8, 17, 9, 17, 19, 6.

Na Igreja de Santa Maria Novella em Florença, parcialmente decorada por Giotto na Porta de Ouro, como a denominou John Ruskin (*As Manhães em Florença*, XXIV), há o quadro onde um Anjo põe as mãos sobre as cabeças de duas figuras próximas. Ruskin interpreta: – "A ideia da atitude do Anjo pousando suas mãos sobre as duas cabeças (como faz o Bispo no ato da Confirmação) expressa uma bênção e testifica a intervenção divina nesse encontro".

Assim a divina Matelda abençoou Dante Alighieri no Purgatório (XXXI, 100-102) antes de mergulhá-lo nas águas do Letes, o rio do Esquecimento.

É a imagem popular da Aprovação. Gil Vicente, *Farsa dos Físicos*, 1519, recorda:

Sobre vos pongo la mano
Como diz el Evangelio.

A mais intensa divulgação da bênção ocorreria nos 348 anos da escravidão africana no Brasil. Os trabalhadores brancos não pediam a bênção ao Patrão, como era de praxe nos escravos de todos os tamanhos e sexos. Exigia-se o gesto da Cruz sobre o rebanho servil nos encontros matinais e ao anoitecer. As gerações rurais subsequentes mantiveram o uso pacificante que não seria habitual nas cidades e vilas populosas, exceto nas áreas familiares. O Amo era um sacerdote doméstico como em Roma o Pai de Família. Prendia-o ao cativo o liame religioso do solidarismo cristão. Patrão, patrono, protetor, defensor. O etmo era *Pater*, Pai. *Amo* sempre significou *Senhor*, num conteúdo de império inexorável, onde o escravo punha uma gota intencional de ternura, com o possessivo – *Meu Amo!*

O Professor Luís Soares (1889-1967), diretor dos Escoteiros do Alecrim em Natal, andava invariavelmente fardado, ostentando alamares, placas, laços, as incontáveis condecorações de sua benemerência cívica. Indo ao quartel da Polícia Militar o sentinela, recruta sertanejo, tomando-o por uma altíssima autoridade de não prevista hierarquia, desconhecendo a correspondente continência, perfilou-se, passou o fuzil para o braço esquerdo, estirou o direito, e pediu a bênção! Não era possível saudação mais respeitosa.

SANTAS ALMAS BENDITAS

É a grande devoção popular brasileira na indizível atração do mistério vivo, ambivalência de amor e medo, proximidade e distância. Para o Povo a alma é uma invisível contiguidade humana, inseparável da terra pelo hábito e fora dela pela destinação mortal. Todos serão quanto elas representam. Um espírito incorpóreo com funções orgânicas, audição, voz, tato, visão, memória, raciocínio. Não possuirá autonomia ambulatória. Cumprirá determinações de Deus, realizando missões penitenciais entre os Vivos no plano da mortificação reparadora. Quando seja percebida, está autorizada a fazer-se sentir pelos humanos. *Hoc quod mortui viventibus apparent, qualitercum que... contigit per specialem Dei dispensationem*, adverte Santo Tomás de Aquino. Mas essa advertência não ocorre ao pensamento popular. A alma aparece quando quer, tal-qualmente um lêmure em Roma. Ostenta forma humana, vaporosa, espessa, fumo branco, transparente, indecisamente luminoso, de contorno definido e normal. As de aspecto monstruoso são mandatárias do Diabo. Deus não concebe monstros.

Quando cumprindo penitência as almas podem tomar aparência animal. Cavalos, éguas, bois expandem em relinchos e mugidos autênticos as culpas antigas. No cemitério do Ceará-Mirim uma autoritária e sádica senhora de Engenho carpe seus orgulhos no feitio de urubu melancólico, vigiando a própria sepultura. Até as pedras da estrada alojam almas em obrigação sentencial. Topando-as, não devemos praguejar, duplicando-lhes a mágoa. As almas brasileiras não tomam formas vegetais, como na Antiguidade grega, latina, e ainda tradição na Itália, que Dante Alighieri registou: (*Inferno*, XIII). Sendo espíritos que habitaram corpos batizados, distanciam-se das Hamadríadas e Meliastai, vivas nos carvalhos e freixos. As grandes árvores de ampla e densa fronde hospedam "almas em pena" mas não se confundem com os espíritos sentenciados.

O XV Concílio Ecumênico, de Vienne, França, 1311-1312, presidido pelo Papa Clemente V (o Concílio que dissolveu os Templários), no decreto de 6 de maio de 1312, definiu ter a alma racional unicamente a forma humana.

Declarava heréticos os que a figurassem *non sit forma corporis humani*. Não seria ortodoxo admiti-las na configuração irracional, como o Povo acreditava. Seis séculos e meio depois, apesar do anátema conciliário, o Povo continua pensando como pensava antes da decisão unânime da Igreja sob o pontificado de Bertrand de Got, 188 anos antes do Brasil nascer.

Essa heterodoxia morfológica é uma continuidade imutável na lógica coletiva, aplicando-a como expressão de castigo aos portadores de culpas graves. As almas que estão no Inferno não cumprem penitência nesse Mundo. Condenadas por toda Eternidade sem fim aos suplícios perpétuos por sentença definitiva, irrecorrível, jamais abandonarão os recintos torturantes. O Demônio não tem poder de retirá-las, mesmo momentaneamente, *della città dolente* onde não haverá esperanças redentoras *tra la perduta gente*. As aparições que assombram os Viventes são egressas do Purgatório, excitando piedade, provocando orações pacificantes, ou sugerindo, pelo sofrimento exposto, a contrição corretora da conduta. Além de cumprir penas decretadas pela Divina Justiça. São as "Almas sofredoras", perturbando a tranquila continuidade pecadora dos Vivos. Há outra classe de aparições turbulentas e agressivas, predicando ameaças, numa intolerância bárbara de danados. São os "Espíritos malfazejos", errantes, desesperados porque não subiram aos Céus nem desceram ao Purgatório. Porque os corpos estejam insepultos ou em razões que o Povo desconhece e a Teologia ignora, ficam vagando pelos recantos onde viveram, numa temerosa irradiação de tremuras e calefrios circunjacentes. Incluamos no bando sinistro os Amaldiçoados cujo cadáver seca sem putrefazer-se, e os Excomungados, espalhando o famoso *ar* contaminador de infelicidade, viajando em nuvem pesada, escura, a pouca altura da terra, perfeitamente identificada pelos sertanejos como pregoeiras de desgraça, inverno escasso, secas intérminas, epidemias, lutas sangrentas. Devem indicar onde enterrraram dinheiro, pedir perdão de ofensas, injustiças reais, mentiras prejudiciais ao próximo. Almas serenas, *per specialem Dei dispensationem*, parecem residir nas antigas residências, lugares preferidos, mesmo em ruínas: (*Sociologia do Açúcar*, "Fantasma de Engenho", IAA, 1971) não acusando sofrimento, como o Cardeal Wolsey em Hampton-Court. Ver "Almas", no *Dicionário do Folclore Brasileiro*.

A presença da alma do Outro Mundo exala um frio intenso, às vezes com chamas nos pés e nas mãos. A voz é invariavelmente fanhosa, peculiaridade de todos os entes sobrenaturais, incluindo os animais encantados. A "Visagem" é de cor branca, outra constante universal, nas visões solitárias ou processionais: (*Dante Alighieri e A Tradição Popular no Brasil*, "Procissões das Almas", Pontifícia Universidade Católica, Porto Alegre,

1963). O distinguido pela visita espectral poderá afastá-la esconjurando-a, benzendo-se ininterruptamente: – "Longe de mim sete palmos! Credo em Cruz, Nome de Jesus!". Credo rezado fazendo-se sem parar o "Sinal da Cruz". Sete palmos é a profundidade das covas sepulcrais. É uma intimativa para o espírito regressar ao cemitério. Admitindo aproximação, *invoca*, ou requer, tarando a alma já visível, pedindo que se individualize na multidão inominada e eterna:

> *Alma que a Deus busqueis,*
> *Que nesse Mundo quereis?*
> *Se vindes por bem, dizei,*
> *Que de mim tudo tereis.*
> *Oração e acolhimento*
> *No Santíssimo Sacramento.*

Outra fórmula de invocação ou "requerer":

> *Alma pra Deus querida,*
> *Na terra serás servida,*
> *De orações socorrida,*
> *Terás no Céu a guarida,*
> *Sossego de tua vida.*
> *Paz eterna e alegria,*
> *Padre-Nosso, Ave-Maria!*

Os Deuses oraculares comunicavam em versos. Assim o nosso Povo dirige-se ao Senhor na intenção mágica do ritmo. Na Provença, conta Mistral, era mais simples o inicial apelo às aparições:

> *Si tu es bonne âme, parle-moi!*
> *Si tu es mauvaise, disparais!*

Para exorcismar a "visagem" exibe-se o pequenino crucifixo do terço, improvisa-se a cruz com os polegares ou indicadores, cruza-se os braços sobre o peito, conservando as mãos abertas, mãos do Crucificado. O mais primário e simples dos esconjuros é fechar os olhos, suspendendo a comunicação magnética com o assombro. A insólita figura não projeta a impressão da forma perturbadora na percepção humana, desequilibrando-a pela visão da inopinada anomalia. As posições exorcizantes reforçam-se com o "Creio em Deus Padre" em voz alta. Alma não ousa falar, interrompendo oração. Algumas dissipam-se, ouvindo preces. Ou dizem seu recado com entonação humilde e suave. A reza estabelece a jurisdição divina, tornando subalternas todas as intervenções, mesmo extraterrenas. Se o cristão orou antes de adormecer, está defendido dos Demônios sem sono. O Padre Dr. Ibiapina contava que o Diabo fora tentar a dois viajantes que dormiam no mato. Voltando sem sucesso, explicava ao companheiro Lusbel: – "Estão dormindo mas bem selados!". O selo inviolável fora a prece. É preciso que a alma seja portadora de mensagem legítima para que desempenhe a missão depois de ouvir orações que a deveriam afastar.

Velho amigo dos devotos das almas, falastrões e gabarolas ou reservados e discretos, jamais consegui obter uma simples fórmula de *invocar* o Espírito, chamá-lo à fala, atraí-lo à comunicação, a reprovada *consulta aos Mortos*, proibida por Moisés: (*Deuteronômio*, 18-11). Em Portugal imprimiram algumas, reveladas nos processos do Santo Ofício e que não me parecem haver emigrado para o Brasil. Provocar a vinda "material" do Espírito, dizem ser operação perigosa e que raros ousavam praticar sem arriscar-se a uma crise espasmódica de terror. As mais antigas e reputadas rezadeiras negavam exercer a sinistra especialidade da bruxa de Endor. A velha Bibi, Luísa Freire (1870-1953), 38 anos em nossa casa (ver introdução às *Trinta Estórias Brasileiras*, prefácio de Fernando de Castro Pires de Lima, Portucalense Editora, Porto, 1955, Portugal), não era rezadeira mas da intimidade de certas profissionais. Explicou que o risco de invocar Espírito estava em provocar o "seguimento", determinando a mediunidade compulsória "sem termo de medida". A invocadora "acabava variando o juízo, e correndo doidinha", como sucedera à velha Inacinha Assunção.

* * *

A partir do século IX as indulgências foram sendo aplicadas aos mortos, intensificando-se nas centúrias imediatas, atingindo pleno desenvolvimento no século XIV. Em 1322 o Papa João XXII pela bula *Sacratissimo uti Culmini* divulgou haver Nossa Senhora lhe aparecido para comunicar a salvação das almas que em vida tivessem pertencido à Ordem de Nossa Senhora do Carmo ou à Confraria do Santo Escapulário do Carmo retirando-as do Purgatório no sábado imediato ao do falecimento. É o *Privilégio Sabatino* que se espalhou como uma promessa de esperança sobrenatural. Os Carmelitas foram encarregados de difundir a devoção. No século XV firmou-se a tradição das "Missas Gregorianas", instituídas pelo Papa São Gregório Magno (590-604), onde cada missa em altar privilegiado valia 30 em benefício das almas sofredoras. O século XVI, inicial na História do Brasil, seria o século em que as almas mudariam o destino da Europa. A venda das indulgências plenárias na Alemanha precipitou a rebelião luterana da Reforma. É a fase do Concílio de Trento dogmatizando a existência purgatorial que a Igreja Oriental engava e Lutero escarnecia, reafirmando o poder dos sufrágios. Reza dos vivos ajuda a salvar a alma dos mortos! Ao findar os cem anos, quinhentistas surgiram na Espanha galega e Portugal o painel das "alminhas" do ar livre, suplicando piedade. Do século posterior é a *Missa das Almas pela madrugada*. As orações públicas nas aldeias portuguesas, *ementando* as almas, atraíam devotos para rezar cantando. Já em 1549 os Jesuítas percorriam a cidade do Salvador e os aldeamentos indígenas "encomendando as almas" durante a noite ao som de campainhas alertadoras, como fizera em Penafiel o ferreiro Afonso Fernandez Barbuz, em 1227. Os meninos indígenas, escreveu o Padre Fernão Cardim na Bahia de 1584, "cantam à noite a doutrina pelas ruas, e encomendam as almas do Purgatório". "Doutrina" é o Catecismo.

As Missas gregorianas, a pintura rústica das "alminhas", o Privilégio Sabatino não tiveram expansão brasileira pelos sertões. Mas, já no século XVII, as Confrarias das Almas existiam e ardia a santa veneração por Nossa Senhora do Carmo e São Miguel, "pastor das almas", pesando-lhes as culpas na implacável balança. No município Almas, em Goiás, São Miguel é titular, e mais em quinze paróquias. São Miguel e Almas. São Miguel das Almas. Na Igreja de Santo Antão, em Évora, está o quadro de Jerônimo Corte-Real, em que São Miguel anima para a salvação as almas que se estorcem nas chamas: (Flávio Ribeiro, *Painéis do Purgatório*, Matosinhos, 1959). Novembro é o mês das Almas. Pela Europa a devoção à "Missa das Almas" é de retribuição generosa. Um conto dos Irmãos Grimm, *Die drei Spinnerinnen*, "As Três Fiandeiras", tem variantes incontáveis pelo Mundo: *Contos Tradicionais do Brasil*, Rio de Janeiro (3ª ed., 1967). A "missa das Almas" é assistida pelos fantasmas. Às vezes pelos Mortos, reduzidos a esqueletos.

As almas do Purgatório são poderosas intercessoras, virtude que assombraria Dante Alighieri e os teólogos do século XIII. Dirigem elas súplicas a Deus em benefício de pecadores ainda com carne de Adão. Dante ignorou a reverência às *Santas Almas do Purgatório*, com seus devotos pelo Mundo católico, devotos pedindo e não dando sufrágios. Santo Tomás de Aquino ensinara o contrário.

As almas do Purgatório *non sunt in statu orandi, sed magis ut oretur por eis*. Mas existe oração aprovada pelo Papa Leão XIII (1889) e inclusão da intercessão no *Catechismo Della Dottrina Cristiana*, o chamado "Catecismo de Pio X" Santo Canonizado, em 1954. Roma *locuta est...* O conceito do *Catecismo de Pio X* sobre a intercessão das almas do Purgatório pelos viventes é o seguinte: – *I beati del paradiso e le anime del purgatorio sono anch'essi nella communione dei santi, perchè, congiunti tra loro e con noi dalla carità, ricevono gli nostre preghiere e le altre i nostri suffragi, e tutti ci ricambiano con la lora intercessione presso Dio.*

A hermenêutica popular é diversa mas as raízes são profundas, lógicas, emocionais. Fundamenta-se no merecimento do sofrimento. Quem sofre valoriza-se aos olhos de Deus. "Amor que não mortifica não merece tão divino nome", afirmava Frei Tomé de Jesus, o místico português que Unamuno admirava. É a lição de todos os místicos. As pessoas com moléstias incuráveis, prolongadas, dolorosas, *fazem penitência no Mundo*, diz o Povo, e gozam de uma espécie de graça particular. Deus, provando-as em vida dará subidos prêmios no Céu. Pedem orações e essas criaturas, notadamente se padecem com resignação, tendo a "paciência de Deus". As Almas do Purgatório pagam seus pecados, e não podem pecar mais. Sabem o que ignoramos porque já não têm a carne terrena. São espíritos "sofredores" mas não estão condenados. Cumprem sentença que se aproxima da libertação radiosa. Estão mais vizinhos da Glória do que nós. Na proporção em que se purificam ficam mais perto de Deus. Pelo Natal e na Sexta-feira da Paixão ouvem os anjos rezando, entrevendo o clarão do Paraíso. O Inferno é o Reino das Trevas não obstante o flamejar das fogueiras eternas. O Céu é permanentemente iluminado "como o meio-dia". O Purgatório é penumbra. Meia-Luz em que se distinguem vultos como nas horas da madrugada. Mas não há Sol, lua nem estrelas. Nega-se a presença de Demônios, que só terão clima para viver no Inferno. Deduz-se que as almas do Purgatório conquistam lentamente merecimento porque sofrem por determinação da Divina Justiça. Podem rezar e oferecer. Por que não intercedem?

O espírito dos mortos cristãos tem composição diversa da alma na Roma pagã. O espectro romano, esquecido pela família, sem alimentos oblacionais, sem lembrança religiosa e doméstica na Ferália, Parentália, Lemurália, especialmente sem túmulo, tornava-se malfazejo, perseguidor, vingativo, derramando pavores irresistíveis, acompanhando Hécate nas noites de lua, seguida pelo cortejo dos cães uivantes. Alma de corpo batizado ficará no Paraíso, Purgatório ou Inferno, sem tentar evasão porque sua visualidade na terra depende da raridade permissiva de Deus, ensinava Santo Tomás de Aquino. As almas romanas e gregas não podiam ser emissárias dos deuses porque estavam em desespero, tentando obter, pela imposição do terror, um lugar para os ossos e um momento de pacificação reparadora. A Igreja nega, de maneira formal, essa possibilidade ambulatória das almas sem corpo, radicadas teologicamente nos locais destinados *ad perpetuitatem*. Manda examinar com extrema prudência e máxima cautela as visitas assombrosas. O Povo acredita que alma faça penitência na terra e até mudada em pedra. O penitenciário de bom comportamento leva recados, sem escolta, fora do presídio.

* * *

Nos cemitérios moram algumas almas junto aos despojos orgânicos, terminando as longas penitências sem martírios. Morar não é residir. Mora-se no Purgatório. Reside-se no Paraíso ou Inferno. As almas defendem a tranquilidade noturna do local, espavorindo os intrusos, incautos ou curiosos atrevidos. *Coemiterium Koimêtêrium, Donnitorium*, devemos respeito ao sono dos Mortos, despertáveis no Dia de Juízo. A desvairada imaginação literária comporta Demônios nos Campos-Santos, tão possíveis como ratos em geladeira. O santo cruzeiro e as cruzes tumulares erguem barreiras suficientes à fauna luciferina. Não se aproximam de cruz intacta. O Diabo só possui o direito de "atentar" espírito de gente viva e não alma sentenciada por Deus. Que irá fazer num cemitério, sem função útil ao destino pervertedor? Não se compreenderá um Satanás desocupado. No cemitério residem os corpos e moram as respectivas almas, descontando culpas. São lugares guardados pelo Medo. Não dos corpos, que são mortos, mas das almas, que estão vivas, susceptíveis de represálias. Tal é a Lei popular. Difícil ajustar esse protocolo inabalável com as cenas fascinantes e macabras, presididas por Lusbel, entre salgueiros e sepulturas, concebidas pelos Ocultistas ou movimentadas pelos maginosos literatos.

Nas cidades a pavimentação das necrópoles evita as emanações do hidrogênio fosforado, inflamando-se ao contacto do oxigênio atmosférico, criando o inquieto bailado do *Fogo-Fátuo*, considerado "almas penantes", mero resultado da decomposição das matérias azotadas, expandindo-se em gases. Esse *Fogo Corredor*, trazido o prestigioso temor pelo colono português, reforçara no Brasil o terrificante *Boitatá indígena*, a "Cobra de fogo" que o Padre Anchieta registou em 1560 na Capitania de São Vicente. O indígena não relacionava o Boitatá ao espírito dos Mortos. Era uma entidade autônoma, geradora de respeitos ameríndios mas sem originar-se da vida humana. Entre os pretos sudaneses existia a "Luz Errante", lume de Mboya procurando o filho Bingo. A tradução popular é a vinda de Portugal – Alma penada! Africanos e amerabas não influíram no mito.

O cemitério é a mansão das Almas, sede das romarias no Dia dos Mortos, 2 de novembro, mês das Almas. Flores nos túmulos e notadamente velas acesas por todo o Orbe cristão. No cemitério público de Manaus milhares e milhares de luzes chamejam numa oblação impressionante, a *Alumiação*, sem réplica noutra qualquer localidade brasileira. Mas, com maior ou menor quantidade, as velas reaparecem na intenção votiva e fiel. A Morte não extinguiu o vínculo obrigacional.

Essas velinhas consumindo-se ao pé dos túmulos sugerem um giro de evocação situando-as no Tempo.

A presença da luz é anúncio de proximidade benéfica. Significação mítica em qualquer paragem do Mundo. Os cortejos romanos de Ceres e dos Lupercais eram com tochas e assim celebravam as rituais alegrias coletivas. Na Grécia, as Lampadeforias eram incontáveis. Os cemitérios, mesmo durante o dia, flamejavam de luzes em honra aos Mortos. O concílio espanhol de Iliberes, nos primeiros anos do século IV, proibiu acender círios quando houvesse Sol, "para não perturbar o espírito dos Santos". Nem mesmo lâmpadas nas concentrações públicas – *ne lucernas publicae accendant*. O costume insistiu, inalterável, apesar das subsequentes condenações noutros Concílios. O Papa Gelásio, no final do século V, instituiu a festa da Candelária em 2 de fevereiro, substituindo o desfile ruidoso dos lupercais seminus, chicoteando o ventre das mulheres que desejavam filhos. A multidão continuou com os círios e archotes em exibição eufórica, então comemorando a Purificação de Nossa Senhora. As homenagens aos Fiéis Defuntos, o Dia dos Mortos, nasceria em 998 e as igrejas e cemitérios encher-se-iam com luminárias votivas. O círio significaria a Fé, a Promessa, o Compromisso, a Vida. Estará na mão da criança no batizado e na do velho na agonia. "Morrer sem ela" é uma maldição.

Menino pagão não dorme no escuro. Casa sem luz não recebe o Anjo da Guarda. A chama da vela ou da lamparina afasta bruxas, vampiros, espectros odientos. Refeição nas trevas não é abençoada de Deus. A lâmpada deve iluminar perenemente o Santíssimo Sacramento. *O fogo arderá continuamente sobre o altar. Não se apagará!* (*Levítico*, 6, 13), disse Javé a Moisés. Não se realiza nenhuma cerimônia em altar sem luzes acesas. Não haverá manifestação mais expressiva como uma movimentada e luminosa *Marche aux flambeaux*, comum por toda Europa clássica e teimosamente contemporânea. Lume, barreira para as feras e as surpresas da noite sinistra. A coivara guarda o acampamento. Fogão apagado, miséria total. Ausência da chama, solidão humana. Engenho inútil é o de "fogo-morto". As fogueiras de São João festejam o solstício coincidente ao natal do Precursor. *Keep the home fire burning*, diziam os ingleses partindo para a guerra. Não é o calor que indígenas e pretos africanos procuram manter. É o clarão afastador dos temerosos demônios da floresta, obrigando o caminhante a viajar agitando o tição inflamado, como uma defesa mágica às ameaças do mistério noturno. Velas acesas nos descampados, encruzilhadas, orla da mataria, recanto do canavial, margem do rio, oram por um morto. Fora temário de admoestações indignadas de São Martinho Dumiense em 560 na Galícia ainda sueva, e permanecem nos nossos dias brasileiros. Os ebós espalhados na praia de Copacabana, a chama obstinada ao vento, apelo aos Orixás da Nigéria, no outro lado do Atlântico. Sobretudo, constituiu a suprema homenagem em sua constância. O lume de Vesta, derradeiro culto olímpico a desaparecer em Roma quando Teodósio dissolveu o colégio das Vestais. Oitenta e um anos depois da oficialização do Cristianismo pelo edito de Milão. A flama velando o túmulo do Soldado Desconhecido. As inumeráveis tradições do Fogo: (*Tradição, Ciência do Povo*, VII – D. São Paulo, 1971). É natural que me detenha olhando as velinhas ardendo junto aos sepulcros, numa oblação que se proibia há dezesseis séculos.

* * *

A alma permanece na terra (a) enquanto o cadáver não for sepultado (b) até a missa do sétimo dia (c) aguardando que a família, precisamente a viúva, vista o luto, a roupa de dó. Outrora o Excomungado e o Amaldiçoado pelo Pai ou Mãe, esta com mais virulência, também *não subiam* para o julgamento. Estavam pré-julgados pelo repúdio à Igreja ou desrespeito ao quarto mandamento da Lei de Deus. Os corpos secavam sem apodrecer. Ao blasfemo a língua enegrecia.

As almas "benditas" têm as órbitas oculares iluminadas e as "em pena" mostram cavidades escuras. As extremidades não tocam o solo e nas "sofredoras" há uma claridade flamejante em volta aos pés. Na "boas" nota-se uma luz azulada e pálida. Pormenores confidenciados por um "vidente" no Alecrim, Natal de 1928. Parece que o *ignis purgationis* gradua a intensidade na relação purificadora. Não há o clássico esqueleto nas apresentações sobrenaturais. A visão da caveira, em que se transformou uma cara linda, é forma de advertimento moral. Não há cidade e vila sem a lenda da mulher bonita, requestada em encontro noturno, cujo rosto tornou-se descarnado e ósseo.

Ao inverso da suntuosidade cercando a múmia egípcia, evitam que o corpo seja enterrado com ornatos de ouro, medalhas, anéis, trancelins, brincos, botões, até dente forrado com esse metal. Não penetra a Bem-aventurança sem que esse luxo desapareça. O Tenente-Coronel da Guarda

Nacional José Tomás de Aquino Pereira sepultou-se a 4 de fevereiro de 1912 em Jardim do Seridó, com sua farda sem galões e botões dourados, respeitando o preceito da humildade. Um cônego Vigário de Souza, na Paraíba, aparecia aos íntimos pedindo que arrancassem um dente de ouro de sua caveira. Estava prejudicando a salvação. Traje de gala em defunto é a simples mortalha ou burel de Irmandade. Branco, azul e róseo para crianças e virgens de palma e capela.

Quase sempre as almas do outro mundo anunciavam presença pela *aura gélida*, um sopro glacial arrepiando as carnes, eriçando os cabelos, entorpecendo a voz, perturbando os passos. Outros espectros surgem naturalmente ou são esbarrados como passeantes comuns, tal-qualmente o Cardeal Wolsey em Hamption-Court, o Infante D. Francisco, Duque de Beja, em Queluz, ou o pai de Hamlet, entre as ameias de Elsenor. Quando tocam, sente-se gelo, apesar de viverem nas chamas como salamandras.

Uma tradição corrente nos Povos católicos, reforçando a autoridade eclesiástica na indispensável absolvição dos pecados, é o morto voltar procurando o sacerdote para obter a remissão das culpas que, logicamente, poderia alcançar ante a Divindade julgadora. Os seculares conventos europeus conservam essas fabulosas reminiscências de frades retomando a vida para receber a fórmula indulgencial. Passaram-se para o Brasil. Frei Santa Maria Jaboatão registou um desses regressos no Convento de São Francisco em Igaraçu, testemunhado pelo Guardião Frei Daniel de Assunção em 1687, e Manuel Dantas no Acari, com o Padre Manuel Gomes da Silva e o espírito do fazendeiro Antônio Paes de Bulhões nos finais do século XVIII. O Bispo D. João de São Joseph Queiroz conta que Frei Pedro de Souza, religioso de família fidalga em Portugal, matou o Prior que o apodara de malcriado. Durante um ano o monge assassinado fora à meia-noite rezar com ele no coro. Theodoro Roosevelt (*Through the Brazilian Wilderness*, New York, 1914), comunica uma tradição sertaneja do Mato Grosso. Quando o morto cai de bruços, sua alma acompanhará para sempre o matador. Torna-se um *alastor*, espírito obsessor em Roma, inesgotável de ódio. Revivem momentos, para atestar a Eternidade. Afonso Pena Júnior (1879-1968) narrou ao escritor Alceu Amoroso Lima um espantoso episódio, presenciado pessoalmente. "Morrera um amigo. No quarto do defunto a família rezava. Outro amigo comum, descrente, confiou aos seus ouvidos a desnecessidade daquelas preces, já que tudo terminara com a morte. Nisso, o 'defunto' lentamente se ergue na cama, para pavor dos presentes, e murmura com voz carvenosa: – 'Afirmo que é verdade!' caindo de novo, desta vez definitivamente morto, sobre os lençóis ainda frios do seu próprio cadáver! Pena me dizia que, naquele minuto, sentira de perto a voz do lado de lá da vida". (*Companheiros de Viagem*, 261, Rio de Janeiro, 1971). *Los muertos oyem mejor*, afirmava Amado Nervo.

* * *

Procissão das Almas não é sinônimo de Procissão dos Penitentes, ou Encomendação das Almas, como a descreveu Melo Moraes Filho.

A Procissão dos Penitentes ainda resiste pelo interior da Bahia, com solfa do canto lúgubre recolhida pelo Professor Oswaldo de Souza, em Pilão Arcado, 1949, sabendo existir noutras localidades pelo médio São Francisco, e comum pelo Nordeste até a segunda metade do século XIX. É uma romaria constituída exclusivamente por homens, com túnicas longas, envoltos em lençóis ou seminus, partindo do Cemitério ao cruzeiro diante da Igreja, cantando e flagelando-se até o sangue, desde a meia-noite da Sexta-Feira da Paixão. Todas as residências cerram portas e janelas, apagando as luzes, e a curiosidade é refreada pela intimidação e receio sobrenatural. Não deve ter assistência sem solidariedade penitencial. É como se passasse Lady Godiva, *vestida de pureza*, cavalgando nua nas ruas mortas de Coventry. Espanhóis e portugueses replantaram esses soturnos por todo continente americano, ainda vivos em Novo México e Califórnia. Para Portugal contemporâneo há o impressionante registo do etnógrafo Jaime Lopes Dias: (*Etnografia da Beira*, IX, Lisboa, 1963). Não é uma comemoração aos Mortos nem às almas. Revive a antiquíssima Procissão "disciplinante", sem o exibicionismo erótico dos "Padecentes" castelhanos, e com longa bibliografia expositora. É comum dizê-la realizar-se totalmente em sufrágio das Almas do Purgatório. Algumas teriam essa intenção. Outras, em maioria, destinavam-se ao resgate dos pecados pessoais diminuindo a duração do fogo no Purgatório.

Na Procissão das Almas não participa fôlego vivo. Almas percorrendo ruas desertas, alta noite, conduzindo brandões acesos que são ossos humanos, cumprem silenciosa mortificação, orando mudamente nos cruzeiros e dissipando-se como sombras ao penetrar o Campo-Santo. Em Portugal vê a procissão dos Defuntos quem tem uma palavra a menos no latim batismal. Era pecado grave tentar ver o desfile fantástico, sem pisar o solo, sem o menor rumor na multidão de mortalhas alvadias, cobrindo corpos vaporosos ou esqueletos. A literatura oral dessa *Procession of the Dead* é universal: (Notas "A Mulher curiosa", *Os Melhores Contos Populares de Portugal*).

Leonardo Arroyo (*Igrejas de São Paulo*, 199, São Paulo, 1966) recorda a "Procissão dos Padres", jesuítas sepultados sob o altar-mor da Igreja de Nossa Senhora do Rosário no Embu: – "Em determinadas horas da noite, que não se conseguiu ainda identificar, os jesuítas abandonam seus lugares, e, com seus longos hábitos negros, que ressaltam a brancura dos ossos da cabeça, das mãos e dos pés, formam fúnebre e terrível procissão e descem a ladeira do Embu. Em torno do lago continua a trágica procissão, as vozes se elevando para a solidão da noite, ouvindo-se mesmo o desfiar das camândulas do rosário. Em seguida, sempre em forma processional, caminham para o cemitério, onde permanecem horas seguidas em confabulação com os mortos. Ao desmaiar da noite, o cortejo volta para a igreja. Por isso, quando a Luz se apaga no Embu, os moradores dizem que a procissão dos padres vai sair, pois ela é feita às escuras".

* * *

Com a alma das crianças ocorre diferenciações caracterizando a maior ou menor integração na materialidade humana. Os recém-nascidos que morrem *voam direto* para a corte dos serafins, espíritos sem pecados, guardas ao trono do Altíssimo. Se a criança mamou, esvoaça inquieta até libertar-se do leite ingerido. Creio a exigência referir-se ao cadáver desfazer--se. Mas muita gente velha teima pensando que o infante conduza o líquido no estômago. Entende-se que essas crianças foram batizadas porque pagão não entra no Paraíso. Os falecidos sem batismo ficam na terra choramingando (o popular é *churumingar*) num pranto confuso, insistente e manso, onde foram enterrados; encruzilhada, que é caminho em cruz, porteira dos currais, porque o gado bovino esteve no Presépio de Belém, ou detrás de edifício religioso onde exista pia-batismal, até qualquer pessoa lançar-lhes água, pronunciando as palavras litúrgicas. Resulta risadinha jubilosa e o bater de asas no rumo do Céu. Não há "visagem" de criança. Ao contrário de tantos registos afirmativos e venerandos, jamais ouvi entre o Povo frase sugerindo o *Limbo*, região ininteligível e complexa para as mentalidades simples e lógicas. No Recife um topônimo recorda a crendice do "choro de menino pagão". É o *Chora-Menino* na Boa Vista.

"Anjo" é o morto menor de cinco anos. Preceito antiquíssimo, recebido de Portugal, obriga aos pais não lastimarem os filhos mortos, criancinhas, *para não molhar as asas*. Dogma na Teologia popular. Outrora costumavam festejar o trespasso dos párvulos, com baile, descargas, louvação em versos improvisados pelos cantadores contratados, cantados à viola. Juvenal Galeno registou versos do velório de Anjinho no Ceará. Sílvio Romero já notara. Existe na Argentina (Oeste di Lullo, Félix Coluccio) e no Chile (Julio Vicuña Cifuentes). Na Argentina os padrinhos bailam com o pequenino féretro. Teófilo Braga informa a "dança do Anjinho" na Ilha da Madeira.

Dei pesquisa mais completa: (*Anúbis e Outros Ensaios*) e *Dicionário do Folclore Brasileiro*, "Pagão".

Não conheço o "velório de Anjinho" aquém do Ceará, mas o critério de não chorar as crianças falecidas é costume ainda normal pelo interior, índice psicológico e sacro de conformação à intensa letalidade infantil. Não há sufrágio para os inocentes. O Rei Davi aflige-se e suplica pela vida do filho enfermo, mas quando este sucumbe, não o pranteia. Banha-se, muda as vestes, alimenta-se, ama. Volta ao ritmo normal: (*II Samuel*, 12, 15-23). O espírito da criança morta assume posto na hierarquia celestial que nenhum santo conquistará.

Não aparece fantasma de criança, rapaz, mocinha, gente nova. Parece que no Empírio *memória desta vida se consente* aos que muito viveram. Alma de velho é que não pode esquecer o caminho da terra.

* * *

O Povo acredita que os animais também reapareçam depois de mortos. É o *Zumbi*, do quimbundo *Nzumbi*, espectro. Nas tradições do Mundo popular o espírito do Homem pode habitar um corpo inferior, fazendo o veículo das volições misteriosas. Será o "animal encantado". Espírito do próprio animal fazer-se presente estando defunto, conhecia unicamente entre os indígenas brasileiros amazônicos, o *Anhanga*, da anta, veado, tatu, pirarucu, ave etc. (Stradelli, Brandão de Amorim, Eduardo Galvão). O Zumbi é o Anhanga mestiço, elaboração "nacional". Apenas o Anhanga é símbolo fantástico da espécie e o Zumbi representação espectral da unidade.

A primeira comunicação fê-la o escritor alagoano Théo Brandão. Onde houvesse morrido equinos não se passava a meia-noite porque o *Zumbi de Cavalo* surgia agigantando-se, até matar de pavor o transeunte. Manuel Rodrigues de Melo deu-me a notícia norte-rio-grandense com o "Cavalo do Engenheiro Gato" galopando ao redor do umarizeiro de Filipinho na curva do Beco da Ponta da Ilha. O engenheiro Gates construía em 1915 a rodovia Assu--Macau, possuindo um esplêndido cavalo branco. Morrendo este, Gates mandou metê-lo numa cova profunda, para não apodrecer no mato. Em certos plenilúnios o cavalo de prata trota e corre como se vivesse, assombrando os confidentes amigos do Professor M. Rodrigues de Melo. A explicação vulgar liga-se ao conceito religioso do enterramento, privilégio do cadáver humano. Encovar um irracional é promovê-lo a criatura com alma, prolongando existência fabulosa em forma insubstancial e visível. Ernest Bozzano (*Manifestations Metapsychiques et les Animaux*, Paris, 1916) expõe outra interpretação. Há no homem faculdades supranormais, independentes das leis biológicas, e são essas potências, imponderáveis e vivas no subconsciente, que resistem ao perecimento físico: – *il était rationnel et inévitable d'en inférer que, puisque dans la subconscience animale on retrouve les mêmes facultés supranormales, la psyché animale est destinée á survive, elle aussi, á la mort du corp.* Motivou-me uma pesquisa: (*Geografia dos Mitos Brasileiros*, Itatiaia/Edusp, 1983). Jaime Griz (*O Cara de Fogo*, Recife, 1969) cita o *Zumbi do Boi*, "alma ou fantasma do boi", na região canavieira de Pernambuco. Humberto de Campos (*Diário Secreto*, I, Rio de Janeiro, 1954) vira em 1928 a paragem Kelru, na estrada de ferro São Luís-Teresina, antiga fazenda holandesa durante o Império. O diretor surpreendera a esposa excitando sexualmente a um cavalo, e matara a ambos. O cadáver da mulher fora abandonado aos urubus e o quadrúpede enterrado na Igreja de São Patrício. Disseram-me, posteriormente, dos dois novos fantasmas maranhenses – a visão sangrenta da dama assassinada e o *Zumbi* do cavalo namorado, merecendo sepultura cristã.

> *Vejam agora os sábios da Escritura*
> *que segredos são estes da Natura!*

* * *

A devoção às "Santas Almas Benditas" veio ao Brasil com as primeiras famílias portuguesas no povoamento de algumas Capitanias. Não teria manifestação exterior e mesmo as "Caixinhas das Almas", coletando esmolas para os sufrágios, ficaram pelas cidades e vilas maiores, mais de um século depois. As Irmandades a elas dedicadas oficiavam nos centros econômicos de alguma importância. A veneração iniciava-se pelo respeito pessoal um tanto receoso mas fiel aos auxílios sobrenaturais, constituindo orações, o Padre-Nosso e a Ave-Maria, de pé, com o pensamento na libertação das padecentes. Não havia representações e cada um imaginava o aspecto realístico dos espíritos penados pelo fogo. As almas do Purgatório eram irmãs da possuída pelo devoto e destinada a sofrer as surpresas do mesmo julgamento.

O Concílio de Trento (1545-1563) coincide com a fase inicial da fixação intensa e regular no Brasil. Antes de Tomé de Sousa a Mem de Sá. Combatia-se o euforismo propagador luterano e não mais o dissídio com a Igreja Grega, consumado e fatal. A dogmática tridentina afirmava a existência do Purgatório, a legitimidade das indulgências em benefício das almas que sofriam a purificação dos pecados e a invocação aos Santos proclamava-se lícita e útil. Justamente às avessas do que Martim Lutero semeara. Por toda a parte o clero regular e secular devotou-se a divulgar as doutrinas aprovadas em Trento. A comiseração pelas Almas fora tradicional mas, depois de 1563, tornara-se dever ortodoxo. Vão aparecer os painéis das "Alminhas" na Península Ibérica, com piedosa repercussão na América colonial: confrarias, missas votivas, desfiles penitenciais, não apenas crença mas culto às Almas. Alma tornou-se uma entidade de supremo respeito. O Juramento mais sagrado, e raro a proferir-se, era: "Juro pela salvação da minh'alma!". Nenhum outro assumiria as responsabilidades pelas temerosas consequências.

Em São José de Mipibu, a velha Alexandrina Canela prestava depoimento num inquérito referente a abigeato, nitidamente favorável ao ladrão contumaz. O magistrado, Luís Antônio Ferreira Souto, abriu a Bíblia e pôs a destra da depoente sobre o livro santo. – "Jura pela salvação da su'alma?" Retirando a mão como se tocasse brasa viva, a velha Alexandrina Canela replicou, aflita: – "Não Senhor, seu Doutô! Jurando, a história é outra…"

Pedro Lagreca (1883-1933), gerente da mercearia do irmão José, na Ulisses Caldas, criava nas dependências uma porção de bichos notáveis, o pequeno jacaré do Pium, mal-humorado e bufante, e um papagaio amazônico, de longa cauda ornamental. Misteriosamente surgiu uma caveira no *bric-a-brac*, insólita e macabra, furto de algum boêmio incrédulo. Aos matinais domingos, a dependência enchia-se de gente foliona, jubilosa, pilhérica, contaminada de literatura. Uma noite Pedro Lagreca sonhou com a caveira, agigantada, batendo queixo para o lado dele. Pela manhã encontrou o jacaré morto, o papagaio sem rabo e a caveira desaparecida. Não houve um de nós duvidando da vinda da alma buscar parte nobre do esqueleto, castigando Pedrinho com a mutilação e morte de animais ilustres. Éramos livres-pensadores, agnósticos, materialistas, independentes. Não acreditávamos em alma do Outro Mundo, *pero que las hay, las hay…*

A significação profunda desse episódio é que os *da turma* constituíamos a vanguarda da Incredulidade adolescente em Natal, ironizando em jornal e frase as tradições pacatas da cidade. A cabeça descarnada do morto regressava ao Cemitério do Alecrim conduzida por quem lhe animara a vida passada. Dos imóveis basaltos da memória o fantasma doméstico no Sobrenatural voltava para retomar o volante do raciocínio, juvenil e grupal, explicando a *sumição* da caveira…

Os devotos das almas são singularmente protegidos, por elas, naturalmente. Deve ser crença posterior ao século XVI. Se podem interceder pelos seus fiéis, mesmo em estado penitencial no Purgatório, também intervirão na terra, defendendo-lhes vida e fama. Além dos contos populares europeus com incontáveis variantes pelo Continente Americano, as almas motivam relatos piedosos da misericórdia assistente. Conto os evocados por meu Pai (Francisco Cascudo, 1863-1935). Pecados mas não os pecadores, cujos nomes silencio.

À volta de 1897, meu Pai era tenente no Batalhão de Segurança, hoje Polícia Militar. O alferes (não havia segundo-tenente) da sua Companhia, devoto das almas, também gostava de amar. Numa noite procurara o ninho dos sonhos, com proprietário legal, e apesar de destemido não pôde atravessar a existente ponte Marobé nas Rocas, assustado por umas visagens brancas que tomaram a passagem, impedindo o trânsito pecador. Soube depois que o marido e um irmão da casta diva armavam emboscada infalível, ocultos num telheiro diante do ninho. Devia a vida às almas.

Elegante do velho Natal de 1910, dono de armarinho sedutor na Rua Dr. Barata, solteiro e sestroso, também valorizava caçadas noturnas. Rumando ao encontro combinado, deparou figura feminina irresistível, atraindo-o em voltas e negaças nos becos e ruazinhas de silêncio e penumbra na Ribeira. Não conseguia ver o rosto mas as costas frementes da feiticeira ondulante, perdendo tempo sem aplacar o fogacho do cio. No cais da praticagem esbarrou com o sólido dono da casa onde o aguardava o amor fortuito e flamante. O capataz voltava da descarga de um navio inglês adiada pelo desarranjo nos guinchos. Teria sido flagrante trágico se a sombra tentadora não o tivesse desviado da rota para a rua certa, que lhe seria mortal. A "misteriosa" dissipou-se como uma névoa benéfica. O moço era rezador às almas, que lhe haviam guardado a continuidade vital. Não garantiam a impunidade na prevaricação mas provaram a oportunidade custodiante da Fé. Seus devotos não morrem em pecado mortal ou de repente, desajudados de preces.

* * *

A viagem da alma para o Julgamento é jornada confusa pelas informações inconformes. Em maioria é conduzida pelo Anjo da Guarda. Noutra lembrança o companheiro é São Miguel. O Anjo Custódio acompanha, através de terras desertas e desoladas. São Pedro, Santo Chaveiro, dá ingresso ao recinto onde a cerimônia será realizada. Jesus Cristo ou o próprio Padre Eterno, Pai do Céu preside, sentando num trono. O trono é cadeira de braços, com espaldar, dossel e posta num estrado. São Miguel sustém a balança onde a alma é avaliada. Essa pesagem das culpas, materializadas em substância acusável em verificação, era imagem vulgar pela Ásia, e a mais antiga menção é egípcia. A alma egípcia era posta na balança, depois da confissão negativa. Anúbis punha na concha o coração e

Mait, a Verdade, a pena de ouro, símbolo da sua divindade. Tot proclamava o resultado e Osíris decidia. Essa Psicostásis os israelitas trouxeram do Egito. Aparece no discutido Livro de Daniel 5, 27, *técel*, referindo-se a Baltazar, Rei de Babilônia. Relação da segunda metade do VI século ou segunda metade do II, antes de Cristo. No tribunal cristão o Diabo, "caluniador", profere a eloquente acusação de todos os atos condenáveis desde a idade da Razão. O Anjo da Guarda produz a defesa. Alguns colocam a Nossa Senhora do Carmo assistindo e mesmo ajudando ao advogado nas "réplicas" atenuantes dos delitos. Nosso Senhor prolata a sentença irrevogável. Paraíso, Purgatório, Inferno. Nesse último destino, o Demônio arrebata a alma e mergulha "nas Profundas" da Eternidade flamejante. Para o Purgatório, o Anjo ou São Miguel é o psicopompo, condutor. Salva, remida, perdoada, absolvida, entra no Céu para sempre, e o coro dos anjos entoa uma saudação jubilosa.

Jamais me falaram que a alma atravessasse lagoa, rio, em barco, no próprio caixão mortuário, ou andando sobre uma ponte angustiosa e vacilante, como ocorre no complicado itinerário oriental e europeu. No tradicional brasileiro, caminha nos areais longos e ressequidos, sofrendo sede, e se não maltratou os cães, nem mesmo cuspiu sobre eles, encontrará água fresca na casa de São Lázaro, em meio da estrada áspera. O Cão, trazido ao Brasil pelo português, é privilegiado companheiro de São Lázaro e São Roque, curadores de dermatoses, úlceras, adenites. Os devotos oferecem banquetes aos cães, "Mesa de São Lázaro", satisfação de promessas. Rodrigues de Carvalho registou o "Jantar dos Cachorros" no Ceará, Getúlio César no Piauí, Astolfo Sena no Maranhão, Mário Ypiranga Monteiro no Amazonas, Maria de Belém Menezes no Pará. Há uma pequena exposição no meu *Superstições e Costumes*, "Promessa de jantar aos cachorros": Quem mata um cão deve uma alma a São Lázaro. Sobre o conceito pejorativo e exaltador do Cão ver o *Dicionário do Folclore Brasileiro*. Guiando as almas para o Paraíso mexicano, não aparece, entretanto, entre os guieiros sobrenaturais das almas brasileiras. O "jantar aos cachorros" é promessa aos dois Santos protetores do Cão, São Lázaro e São Roque. É de notar que a residência de São Lázaro, no Outro Mundo, é povoada de cães. Assim deviam ser as de todos os Santos caçadores.

* * *

O Clímax da Teologia Popular é a controvérsia sobre a origem das almas "aparecidas", Boas e Más. Todas provocam o pavor pela *aura gélida*, sacudindo as carnes do involuntário vidente. Os olhos iluminados ou não, os pés cercados de chamas, azuladas ou rubras, anunciam a separação clássica. Alma "condenada" não pode retirar-se do âmbito infernal, é a lição da Igreja. No Purgatório não existe outra penitência além do fogo, *salvabitur per ignem*. Nem há demônios atormentadores. As almas do Purgatório devem penar rezando. Oram, esperando a satisfação penal. Por toda parte existirá resignação, contrição, esperança *Non punitorium sed purgatorium*. Uma quadrinha do Rio Grande do Sul (Simões Lopes Neto, *Cancioneiro Guasga*, Pelotas, 1917) expressa o conceito legítimo:

> *Se fordes a Cachoeira*
> *Levai contas de rezar;*
> *Cachoeira é Purgatório*
> *Onde as almas vão penar!*

Levar "contas de rezar", rosário e terço, para o Purgatório, não prevê ambiente de loucura sofredora, como ocorreria no Reino Maldito. Assim como a tentação, o padecimento está limitado à capacidade de resistência individual. No Inferno é que a crueldade diabólica ilimita-se na execução desapiedada.

Para o Povo, desatendendo as decisões dogmáticas, as almas vêm "cumprir penitência" onde pecaram. As "aparições" estão desempenhando mandatos de confiança divina, mensageiras de advertências, súplicas de satisfações não cumpridas, promessas não pagas, pecados do Esquecimento, cujas remissões implicam na viagem para o Céu. Diferem dos Espíritos residindo nas formas primárias do castigo, árvores, rochedos, recantos sombrios, grutas, rechãs de pedregal.

Também animais, bois, cavalos, cadelas (não cães), cabras, urubus. Alma não *encosta* nos bodes porque esses são abrigos satânicos. Nem nos jumentos, ostentando uma cruz nos lombos, desde que carregaram Nosso Senhor para Jerusalém. Em tempo de seca, Oswaldo Lamartine sugeriu a um grupo de "retirantes" famélicos no Seridó abater e aproveitar a carne de um jumento, velho e trôpego. Os sertanejos indignaram-se com o sacri-légio. Preferiam a fome.

As almas em penitência normal evidentemente não se apresentarão possessas de dor, convulsas, desesperadas pela tortura insofrível, permitindo visão alucinante do violento martírio. Surgem às vezes vagamente luminosas, com lampejos ou luz fixa, pequeno foco deslumbrante, como o espírito do fazendeiro Antônio Paes de Bulhões, no Acari, trazia na espádua, ofuscando o Padre Manuel Gomes da Silva. O halo circulando a cabeça numa auréola é distintivo das almas "santificadas". A luminosidade exalada na Procissão das Almas é acariciante e suave de ver-se. As vermelhas, oscilantes, intermitentes, são sinistras, malévolas, suspeitas do Demônio, incapaz de conceder equilíbrio, harmonia, confiança. Decorrentemente, as almas turbulentas, terrificantes, falando com voz entrecortada e arquejante como numa pausa de suplício, não serão as "Sofredoras" mas as "Condenadas" ao Fogo-Eterno, mandadas entre os viventes para perturbar-lhes o ritmo habitual da convivência, incutindo o permanente terror a uma ameaça misteriosa e sobrenatural. "Quem vem por bem, faz bem!" Deixando inquietude e aflição, denuncia o encargo diabólico do desassossego e amedrontamento.

* * *

Os neuróticos, agitados, lunáticos, são predispostos a ver alma do Outro Mundo, mesmo de dia. A vibração incessante no espírito apreensivo, curiosidade displicente, infixa, maquinal mas constante, a despreocupação material, o hábito dos passeios intermináveis e solitários pelos lugares desertos e afastados, curtindo as longas insônias povoadas de excitações, concedem-lhes uma disponibilidade receptiva ao fantástico, ao indimensional, ao antilógico, ajustados à inquietação mórbida, indecisão delirante, labor invisível e sem pausa, do seu mundo interior. A visão e comunicação com os espectros são atividades complementares ao desvairismo íntimo, denunciado pelo surdo e confuso diálogo, sibilino e sem nexo, com interlocutor imaginário e real. Situação idêntica ao débil mental e ao louco entre orientais, considerado mais longe da razão humana e mais próximo da onisciência de Alá, que tudo sabe. Ouvem e confabulam com animais e fantasmas, transmitindo as assombrosas mensagens aos homens de percepção limitada. Quando minha filha Ana Maria foi Promotora de Justiça na Comarca de São Gonçalo de Amarante, perambulava na cidade um desses privilegiados, entendendo-se perfeitamente com os cães, ovelhas e galinhas.

Menino grande em Augusto Severo, assisti episódio documental. Visitava nossa casa o Vigário José Antônio da Silva Pinto quando apareceu o sacristão Hortêncio, com um homem pálido, amalucado, portador de recado da alma de sua Mãe, antiga zeladora da Matriz, avisando que o altar da Senhora Sant'Ana ia cair. Padre Pinto mandou o acólito verificar o objeto da denúncia miraculosa. Não era o altar da Padroeira mas o nicho de madeira, contendo a imagem, que estava carcomido pelos cupins. Fatalmente desabaria. O aluado tivera razão comunicando o aviso materno da velha devota, sepultada há muitos anos. Advirta-se que o doidelo não frequentava a Igreja, nem morava "na rua". Estava fora de dúvida a autenticidade da missão, para o portador, filho da morta, para o vigário na freguesia, para o sacristão veterano. E para todos os moradores na Vila de Augusto Severo, antigo Campo Grande do Upanema. O Espírito sopra onde quer!

* * *

Há punições internacionais cujos penitentes tornaram-se entidades da região, inseparáveis na paisagem dos mitos topográficos. Invisíveis, são caracterizados pelos rumores típicos dos ofícios exercidos numa sobrevivência funcional. O lenhador na mata, o remeiro nos igarapés e curvas remansosas, a lavadeira batendo roupa nas pedras chatas, o comboieiro estalando o chicote ponta de linha, o cortador no canavial, a sombra do galope levantando poeira, o caçador assobiando ao cão, o carreiro cujo carro guincha e ninguém vê, o pescador tarrafando, murmúrio de vozes sem corpo, de solfas indistintas, ruídos sem eco. Mistérios dispersos na geografia do Medo. Não há fazenda de gado, velho engenho de açúcar, propriedade rural de tradição, povoado quase defunto, ruínas dos tempos idos, sem convivência com os fantasmas residentes. Qual a capital europeia, asiática, negra ou moura pela África, americana de ilha e continente, sem essa população espectral?

Reminiscências jangadeiras em Natal: (*Jangada*, 2ª ed., Rio de Janeiro, 1964) Mestre Filó, Francisco e Benjamim Camarão, José Justino e Manaus, numa Sexta-Feira da Paixão viram a Procissão dos Afogados, nadando em filas silenciosas, olhos brancos, corpos brilhando como prata na água escura do Atlântico.

Pela Praia de Areia Preta ainda perdura a lembrança de Gangão, morto por volta de 1940. Era pescador do Canto do Mangue, baixo, preto, forte, mestre de linha e de trasmalho, sabedor dos segredos do "caminho e assento" onde estavam os pesqueiros velhos, e quando o peixe desce, faiscando nas piracemas, para a pancada do Mar. Admirador fiel de João Café Filho, seu inseparável nas batalhas dos sindicatos, ficava rouco de vivá-lo nas horas difíceis. Quando Café Filho obteve uma de suas vitórias eleitorais, Gangão comprou a transvaliana mais volumosa que encontrou e, no entusiasmo doido, acendeu-a na palma da mão. A bomba rebentou antes de tempo e os dedos de Gangão foram encontrados nas camboas no outro lado do Potengi. Ficou bom, apenas com o braço findando em mão sem dedos. Não perdera a ciência da pesca e a devoção do Mar. Sujeito aos ataques epileptiformes, sentindo a aproximação da aura, amarrava-se, mar alto, nos espeques de sua baiteira, prendendo o braço na cana do leme. Sem sentidos, a baiteira vogava guiada pela mão imóvel do piloto desmaiado. Grande pescador solitário, Gangão foi para a linha do Mar, lá fora, na baiteira fiel. Vários botes e jangadas passavam-lhe perto, gritando pilhérias e desafios para a corrida. Gangão veio vindo e rumou à Praia do Meio, que ele sempre chamava "Morcego", o velho nome tradicional. Sentiu a aproximação do desmaio.

Amarrou-se cuidadosamente. Prendeu a cana do leme ao pulso e esperou a viagem dos sentidos. Escureceu e os pescadores de Areia Preta viram a baiteira bordejando. Vinha até o Morcego e virava de bordo, ganhando o alto na mudança da viração. Rumou para Areia Preta mas evitou os recifes e retornou para o largo.

Finalmente virou e veio, ponteira, encalhar na ponta da Mãe Luísa, embaixo, nas pedras escuras. Era noite. Os pescadores foram procurar. Encontraram o bote virado, adernado, cheio d'água. Gangão morto, amarrado, ainda pilotava sua baiteira na derradeira jornada. Os pecadores do Canto do Mangue chegaram correndo. Entre eles, o mano, Benjamim, que desapareceria no mar durante a guerra. Gangão foi levado para a encomendação e enterro no Cemitério do Alecrim.

Mas voltou. Todos os pescadores falam nesse regresso assombroso. Em certas noites, sexta-feira, havendo luar, a baiteira larga da Praia de Mãe Luísa, enfunada a vela branca triangular, e faz-se ao vento. Os pescadores encontram a embarcação veloz bem longe, invencível. Com as últimas estrelas some-se no ar, na flor das ondas vivas. Mas os pescadores sabem que, imóvel, pagando penitência, Gangão está na cana do leme, guiando a baiteira fantástica nos mares do Céu.

Voltando da pesca, tardinha, as jangadas vêm apostando carreira, ver quem encalha primeiro na praia. Os mestres, remo de governo na mão, escota no punho, dão impulso. Proeiros e bicos de proa gritam, entusiasmados, apostrofando os concorrentes aos berros de animação. Numa tarde, Antônio Alves voltava para Ponta Negra quando viu uma jangada na sua frente. Lançou-se na corrida para vencê-la. Não reconheceu a embarcação, embora fosse ficando mais próximo. Sua jangada era veleira e vinha feito flecha, como toninha na vadiação. Perto de emparelhar, pega não pega, a outra jangada sumiu da vista como um pouco de fumaça. Antônio Alves estremeceu e benzeu-se. Mistério do Mar, jangada fantasma, assombração do anoitecer.

Noutro quadrante surgem no Brasil fantasmas que constituem tradições da Europa fidalga, figuras com nobres pergaminhos testificadores da ancianidade crédula. Espectros já velhos quando São Luís, Rei de França, vivia. Viajaram mais nas mentes que nos olhos. Denunciam finalidade benéfica pela ausência de aspectos monstruosos, impressões terríficas, consequências dolorosas. São "almas em pena" há mais de sete séculos, pertencentes às imaginações aristocráticas da Idade Média. Agora participam do humilde patrimônio anônimo do Povo brasileiro, fielmente transmitidos (*Coisas que o Povo Diz*, 20, Rio de Janeiro, 1968).

O velho João Tibau, que muito bem conheci na Praia de Areia Preta, baixo e robusto, de força agigantada, lenhador, pescador quando nada tinha a fazer, bebedor emérito, contou-me essa estória. Acordou pensando ser madrugada e saiu para fazer lenha e, como andasse depressa, chegou ao mato verificando ser noite alta, tudo escuro de meter o dedo no olho. Nem mesmo enxergava os paus, vale dizer árvores. Foi indo, bangolando, fazendo tempo, quando ouviu uma música muito bonita e foi indo na direção do som. Era, com certeza, algum baile nas redondezas. Andou e andou e foi parar perto da Praia do Flamengo, além de Ponta Negra, rumo de Pirangi, avistando, da ribanceira que descortina o mar, um clarão. Desceu a barreira e empurrou-se para lá. Encontrou um grupo de cavaleiros, com grandes capas compridas, muito bem-vestidos, nuns cavalos de raça, lustrosos e gordos, mas João Tibau não identificou ninguém. Quis acompanhar o grupo e acabou correndo quanto podia, mais tinha a impressão de apenas andar, pois não vencia terreno. O grupo desapareceu adiante, como se fosse fumaça. A praia estava clara pelas estrelas e o mar muito calmo. Tibau chegou perto da última curva e viu um palácio que era uma Babilônia, várias carreiras de janelas, todas iluminadas com uma luz azul que doía na vista. Chegando mais para perto, ouviu as rabecas e as sanfonas, o vozerio do povo se divertindo, e mesmo a bulha compassada dos dançarinos. Apressou o passo e ficou diante do palácio deslumbrante, todo cheio de luzes e músicas, de vozes e de cantigas, mas não via vivalma. Aí arrepiou-se todo, pensando que fosse coisa encantada, e benzeu-se. Deu-lhe um passamento pelo corpo, escureceu-lhe a vista e deu cobro de si pela madrugada, já o céu todo claro, as barras do sol no mar. Viu então que estava diante das Barreiras Roxas.

Paulo Martins da Silva, do Banco do Brasil, narrou-me em abril de 1938 esse episódio. Entre Pititinga e Rio do Fogo, na barreira do Zumbi, existe um palácio encantado, há anos, um pecador, chegando ao Tourinho, barreiras que estão entre a cidade de Touros e o Rio do Fogo, encontrou outro palácio, iluminado, e ali um homem lhe entregou uma carta para a barreira do Zumbi, a duas léguas e meia de distância. O pescador foi entregar a carta e encontrou o palácio em festa, com muita gente, música, rumores de dança. Deu a carta. Deram-lhe de comer e beber. Pela manhã encontrou-se na praia nua. Tudo tinha desaparecido.

No Morro Branco, arredores de Natal, na encosta leste, os lenhadores e caçadores viam outrora uma casa branca, brilhante de luzes e sonora de vozes festivas, orquestra tocando, gente bebendo e cantando. Quem tinha coragem de aproximar-se via o edifício sumir-se no ar e ficar apenas o mato bruto, cheio de sombras, com o murmúrio do vento na folhagem. Hoje o Morro Branco é quase residencial.

No Rio Potengi, entre Natal e Guarapes, há uma camboa que, nas enchentes, forma uma ilha, coberta de mangues. Essa ilha é mal-assombrada. Aparece uma grande residência, habitada, com vozes humanas que cantam, gritos de alegria, som de vidros entrechocados, rumores dentro e ao redor da morada. Pela madrugada desaparece e fica o mangue verde como habitante único da ilhota misteriosa.

O Coronel Quincó (Joaquim Anselmo Pinheiro Filho, 1869-1950), que tantos anos comandou a Polícia Militar, narrou esse "acontecido" em dias de sua mocidade na cidade do Natal, nos primeiros anos da República. Vinha da Ribeira para a Cidade Alta pela Subida da Ladeira (Avenida Junqueira Aires) quando ouviu para o lado da Rua de São Tomé, paralela, uma valsa linda. Apressou-se, e logo no começo da São Tomé, com raros e espaçados moradores, havia um grupo maciço de árvores. A música cessara e Quincó encontrou apenas uma mulher alta, magra, com um xale na cabeça. – "Onde é a festa?", perguntou. A mulher indicou o bosque com um estender de lábio, sem palavra. Quincó deu alguns passos e, nada vendo, voltou-se. A mulher desapareceu. Música, luzes, vozes dissiparam-se para sempre. O Coronel Quincó mostrou-me o local.

Filadelfo Tomás Marinho, Mestre Filó, pescador famoso que foi ao Rio de Janeiro comandando três botes de pesca em 1922, deu-me esse depoimento. Voltava de Jenipabu na noite de lua embaçada e ao confrontar com a Limpa, já no Potengi, viu um trecho da Praia da Redinha muito claro e cheio de gente animada. Como outro dia era domingo e ele não ia *pras iscas* (pescar), resolveu ver a função e rumou a canoa para lá. A praia estava tão clara que os mangues, as árvores, tudo se destacava como de dia. Quando ia virando o leme para encostar, escapuliu-lhe da mão a escota e a retranca virou, cobrindo a vista com o pano da vela. Levantou-a e reparou que a praia estava escura e silenciosa, sem um pé de pessoa, porque a lua abria nesse momento. Estava mesmo no Cemitério dos Ingleses. Era uma assombração. Tocou-se para o outro lado sem mais demora. A casa de alpendre que ele vira, distintamente, também não estava e sim um cajueiro.

O pescador Antônio Alves, de Areia Preta, meu colaborador no *Contos Tradicionais do Brasil* (Rio de Janeiro, 1946), vinha vindo boca de noite da Ponta Negra a pé pela praia. Perto de Areia Preta reparou num sobrado, alto, todo branco, iluminado, que nunca vira embora por ali passasse frequentemente. Avistou uma varanda muito larga onde havia gente dançando, indo e vindo. Aproximou-se e não ouviu música, mas a festa estava tão bonita que Antônio Alves "chegou-se pra perto". O pessoal estava todo vestido de branco e com uma espécie de capuz, cobrindo o rosto. O pescador pensou que fosse ensaio de algum grupo carnavalesco, sem maldar. O povo que estava dançando virou todo de costas, como numa quadrilha e nesse momento levantou-se um pé de vento com areia que o cegou. Limpou os olhos mas a casa desaparecera, com os dançadores e só estava ali a Barreira da Muxila, muda e aterradora. Antônio Alves botou o pé e só parou em casa, mais morto do que vivo.

Gustavo Barroso (*As Colunas do Templo*, Rio de Janeiro, 1932) recorda que em agosto de 1918 um vespertino carioca divulgara surpreendente episódio narrado por um *chauffeur* de Ipanema. Diante do Cemitério de São João Batista tomara seu carro um homem alto, encapotado, mandando tocar para o Caju em rapidez máxima. Na Avenida Oswaldo Cruz o motorista, assombrado, verificara o desaparecimento do passageiro, apesar da excessiva velocidade do automóvel. Seria possível a proeza a um fantasma. No ano seguinte, estudando Medicina, ouvi comentar-se ter o *chauffeur* identificado o passageiro do São João Batista vendo uma fotografia do famoso atleta e acrobata Anquises Peri, falecido na epidemia da gripe.

Na manhã de 2 de setembro de 1894 minha Mãe disse ter sonhado com o sogro, abraçando-a e dizendo: – "Adeus, minha filha!". Meu Avô Antônio Justino de Oliveira tinha apenas 65 anos e era sadio. Meu Pai, em Natal, não o sabia enfermo. Falecera na noite anterior, na Vila do Triunfo, ex-Campo Grande, hoje Augusto Severo. Nasci mais de quatro anos depois mas ouvi esse sonho durante toda a minha meninice.

Meu primo Bonifácio Fernandes, paraibano robusto e sereno, tinha uma pequena mercearia na Praça Augusto Severo e morava na Avenida Campos Sales, no Tirol. Preferia regressar, como bom sertanejo, a cavalo, através das avenidas que se povoavam. Uma noite, atravessando o local onde o Dr. Januário Cicco construiria a Maternidade, encontrou dois cavaleiros à sombra duma grande árvore. Depois de meu primo ter passado, deram de rédeas como pretendendo acompanhá-lo. Antes de alcançar a Rua Nilo Peçanha, um dos desconhecidos disse em voz alta e roufenha: – "Vamos juntos!". Bonifácio voltou-se e não mais avistou os dois homens. Ficou muito impressionado com o "esquisito" convite e contou a todos o singular encontro. No mesmo mês adoeceu e morreu. Tifo.

O velho poeta popular Fabião das Queimadas (Fabião Hemenegildo Ferreira da Rocha, 1848-1928) vindo ver-nos em Natal avisou ao meu Pai que a visita era de despedida porque "vira" o espírito de sua Mãe. A velha também falecera depois de haver-se encontrado com a alma da progenitora. *O rejume* era esse. Faleceu em junho.

No Brasil as almas não tiveram o tratamento afetuoso de "Alminhas" como em Portugal, onde o culto é mais intenso e complexo. Novembro europeu é final de outono com noites frias, pedindo lareira e conversa familiar ao pé do lume, avivando tradição. No Brasil o calor do verão dispersa um tanto o conchego doméstico. As almas têm poucas oportunidades de intervenção, exceto nas regiões do interior, com a população em residências espalhadas, zonas agropastoris, onde há caminho escuro e deserto para alcançar a casa. O cenário é uma provocação invocadora do complemento sobrenatural.

* * *

Tradições. O tenente-coronel Antônio José Leite do Pinho foi assassinado na tarde de 15 de março de 1834 a mando de Dendé Arcoverde, vingando o tio Capitão-Mor André d'Albuquerque Maranhão, chefe da revolução de 1817 no Rio Grande do Norte. Dias depois, o cavalo branco do morto relinchava e pateava como se visse o antigo senhor, e acabou morrendo na mesma tarde. Diziam no velho Natal que o tenente-coronel viera buscar a montada por não saber andar a pé.

Gervásio Guilherme Martins foi morto a 2 de maio de 1863, no caminho de São José de Mipibu para Camorupim. Era muito estimado e assinalaram o local com uma grande cruz de madeira, denominando-se "Gervásio". Meio século depois, o defunto rondava o cruzeiro ao anoitecer, descobrindo-se amavelmente aos espavoridos viajantes.

Pereira da Costa conta a origem do nome "Rua do Encantamento" no Recife.[1] Um frade notívago acompanhou uma mulher bonita até o primeiro andar em sobrado penumbroso. Veio uma claridade em que se viu caixão de defunto, e a requestada desapareceu. O frade pendurou um relicário a um prego, rezou e foi embora.

Na manhã seguinte voltou com vários colegas do Convento. O sobrado era abandonado, vazio, arruinado, e a sala nada recordava do colóquio amoroso na noite anterior. Exceto, como testemunha, o relicário pendendo da parede suja.

---

[1] Ao historiador Fernando Pio devo saber que a Rua do Encantamento, no Recife, corresponde mais ou menos à Rua Vigário Tenório, no bairro do Recife, paralela à Avenida Marquês de Olinda.

Um dos estudantes nordestinos, médico na Bahia de 1906, contou-me que um seu companheiro seduzira-se por uma Vênus-vaga, seguindo-a à Rua de Baixo, onde a namorada desculpou-se de não poder atendê-lo, dando-lhe uma "lembrança" embrulhada em cetim. Voltando à casa, o rapaz verificou haver recebido um ossinho de falange humana. O meu informante vira o "presente".

O Doutor Afonso Barata (1862-1934), médico na Bahia de 1889, duas vezes Deputado Federal pelo Rio Grande do Norte, confidenciou um episódio em tempo de estudante. Gostava muito de perfumes, morava sozinho, levando a chave ao sair, temendo a colaboração alheia. O estrato preferido terminou e a loja esperava sortimento novo. Ficou usando outro, bem diferente, porque jamais encontrara o favorito em parte alguma. Uma noite adormeceu quando lia na espreguiçadeira. Despertou com a impressão de alguém acariciar-lhe os cabelos. O odor do perfume predileto recendia, enchendo o quartinho. Quarenta anos depois ainda o sentia.

O cavalo "Peixe-branco" ou "Exalação", de Jesuíno Brilhante (1884-1879), o cangaceiro gentil-homem que matava inimigos e nunca roubou, tinha a propriedade de pressentir emboscadas e ver fantasmas. Estacava, como feito de bronze, recomeçando a marcha depois do cavaleiro rezar o Padre-Nosso e Ave-Maria a Nossa Senhora do Carmo ou a São Miguel das Almas. Antes, não havia espora que o resolvesse a mudar de lugar.

A Rua Mermoz em Natal é o antigo sítio "Queda do Brigadeiro", assim denominado por aí haver caído do cavalo o Brigadeiro Venceslau de Oliveira Belo, presidente da província, de julho de 1844 ao seguinte abril, tio materno do então Conde de Caxias. Não há explicação para o seu espectro galopear em certas noites até a primeira década do século XX. Aparição de "visagem" relaciona-se com o local da morte, e o Brigadeiro, já Marechal, faleceu no Rio de Janeiro em 1852.

No caminho de Natal a Macaíba, antes de Guarapes, há o local "Peixe-Boi", por haver encalhado, semimorto, um sirenídeo, na segunda metade do século XIX. Os moradores de Guarapes, no tempo famoso do fundador e rico Fabrício Velho (Fabrício Gomes Pedroza, 1809-1872), não atravessavam à noite o Peixe-Boi, mal-assombrado e bulhento, preferindo viajar pelo Rio Potengi. As almas sossegaram depois de muitas missas. Ainda hoje não é passagem de confiança para pedestres ou jornada a cavalo. Há luzes, gemidos, tropel de gente correndo. Passam o Peixe-Boi durante o dia. Ali teriam sido massacrados os indígenas quando da truculenta "Guerra dos Índios".

A velha Bibi (Luísa Freire, 1870-1953) foi empregada em Guarapes quando administrada por Fabrício Moço (o segundo Fabrício Gomes

Pedroza, 1856-1925), últimos faustos, declínio e apagamento do empório econômico senhorial. Da Volta do Periquito a Carnaubinha era um viveiro de assombrações, avistadas pelos trabalhadores, morando todos à vista protetora da Casa-Grande, temendo os morros na verde solidão da mataria. Ouviam as almas dos *cabocos* fazendo lenha e avistavam os fogos das aldeias invisíveis. O tráfego Macaíba-Natal era fluvial. A estrada de rodagem em 1915 afugentou os fantasmas.

Meu tio Henrique Torres de Almeida faleceu em Natal a 12 de abril de 1932. Não consentimos meu Pai ir ao enterro para não emocionar-se. Henrique sepultou-se vestindo traje de casimira azul, feito para assistir meu casamento em 1929. Na noite de 14 para 15, meu Pai sonhou com o cunhado, vestido de azul, indicando um homem baixo, gordo, moreno-claro, com bigode falhado, dizendo: – "pague a este nove mil-réis!". Na tarde de 18 meu Pai encontrou na Avenida Tavares de Lyra o Sr. Clemente Pereira da Silva, negociante em Santa Cruz, reconhecendo-o como o que vira em sonho. Perguntou se Henrique Torres lhe devia algum dinheiro. Devia nove mil-réis de uma compra de queijos. O credor ignorava o falecimento do devedor. Meu Pai saldou o débito. Quem conheceu o Coronel Cascudo sabia-o inimigo de sugerir assombros e patranhas.

Anfilóquio Câmara (1889-1957), residindo na Rua Voluntários da Pátria, voltava de uma reunião à noite quando viu caminhando, alguns metros adiante, uma pessoa que lhe pareceu velho companheiro das assembleias do IBGE no Rio de Janeiro. Não o alcançou em passo e voz, admirando-se vê-lo entrar, muito naturalmente, na sua residência embora a soubesse de porta fechada. Dias depois soube do falecimento do misterioso visitante.

O Fiscal Federal no Ateneu Norte-Rio-Grandense, Lucas Sigaud, morava numa das primeiras casas na Avenida Junqueira Aires. Contou-me ouvir, distintamente, altas horas, o rumor inconfundível dos talheres desarrumados por mão inábil e brusca. Verificava depois a ordem irrepreensível no faqueiro, guardado em móvel na sala de jantar, sob chave.

D. Joaquim Antônio de Almeida (1868-1947), primeiro Bispo de Natal, resignatário em 1915, depois de uma vida missionária e peregrina, recolheu-se em 1944 a Macaíba. Um dos amigos humildes e fiéis era o pequeno agricultor Miguel Marinho Falcão, também setuagenário. Numa das mansas tertúlias vespertinas, o prelado convidou o familiar para um pacto fraternal. Quem viajasse primeiro havia de vir buscar o companheiro. Combinado! D. Joaquim morreu na tarde de 30 de março de 1947. Falcão acompanhou à sepultura o féretro do Bispo na manhã seguinte. Antes de terminar o enterro faleceu no Cemitério de Macaíba (Antônio Fagundes, *Vida e Apostolado de Dom Joaquim Antônio de Almeida*, Natal, 1955).

Na Bica de São Pedro em Olinda as almas dos antigos cantequeiros vêm, em certas noites, encher as grandes vasilhas de folhas de flandres. Ouvem o sussurro das vozes e o rumor dos canecões atritando nas pedras.

Ainda em 1918 na cidade do Salvador, dizia-se subir pela ladeira do Pelourinho meia-noite da Sexta-Feira da Paixão, uma procissão de fantasmas penitentes, vestindo mortalhas brancas, cada um com uma vela acesa na mão. Davam três voltas na praça e desapareciam.

Silvestre, Mestre Silivesti, pescador famoso, morreu afogado, fora da barra de Natal, enleado na poita do tauaçu. Reaparecia resfolegante, molhado d'água do mar.

Américo Giacomino, o Canhoto, grande violão brasileiro, e o acompanhador Luís Buono, visitaram Natal em janeiro de 1920, quando eu possuía automóvel, jornal e 22 anos. Lamentei não haver registado o nome de um seu amigo morto cujo fantasma acompanhava, cordialmente, o artista. Rodávamos depois das exibições e inopinadamente Canhoto interpelava Buono: – "Viu? É ele mesmo! Atravessou a rua!". *Les fantômes ne se mostrent qu'à ceux qui doivent les voir*, afirmava Alexandre Dumas.

Gastão Penalva (Comte. Sebastião Fernandes de Souza, 1887-1944) dizia não haver oficial de Marinha no seu tempo sem recordações de fantasmas "embarcados", notadamente visíveis no quarto d'alva. O Almirante Huet Bacelar afirmava: – "Quem disser que oficial morto não volta ao seu navio, está mentindo!". Penalva pensava escrever todo um volume sobre "Fantasmas Navais", documentado pelas reminiscências dos companheiros.

O Capitão de Corveta Raul Elísio Daltro quando Capitão dos Portos em Natal narrava esse caso pessoal. Primeiro-tenente servia no "Benjamim Constant" no Rio de Janeiro, uma tarde fora a terra, regressando de escaler. Ao subir a escada de bordo viu descendo sozinho, lento, grave, um oficial desconhecido, grisalho, de patente superior. Encostou-se para deixá-lo passar, fazendo-lhe continência. Chegando ao portaló, voltou-se para ver o velho oficial. A escada estava vazia e no escaler atracado não havia senão os marinheiros da guarnição. Muitos anos depois soube tratar-se de um falecido comandante do "Benjamim" com a mania de, vez por outra, rever o comando.

O Cônego Pedro Paulino Duarte da Silva (1877-1954) dizia as velhas igrejas cheias de túmulos residenciais de almas do outro Mundo. Os antigos Vigários colados amavam visitar as matrizes onde oficiaram e foram sepultados. É o que ouvira no Assu, Ceará-Mirim, Mossoró.

Em 1906 um Aspirante de Marinha escreveu no cemitério de Angra dos Reis: – "Este cemitério é só para cães!". No ano seguinte estava enterrado "a meio metro da inscrição fatídica", registou Gastão Penalva, que pertencia à turma. As almas castigaram a irreverência.

O Professor Bartolomeu Fagundes, já residindo em Natal, encontrou um amigo de Goianinha, onde dirigira o Grupo Escolar. Abraços, frases festivas. Dias depois soube ter falecido o cordial amigo no ano anterior. Abraçara um defunto, concluía Bartolomeu.

O Padre Bianor Aranha informou-me que o espírito de "mulher da vida" era identificado pela voz. Não tomava feição de gente.

A legislação antiga permitia instituir-se a própria alma por herdeira dos bens patrimoniais, lentamente despendidos em cerimonial propiciatório. D. Maria César, viúva de João Fernandes Vieira, falecida a 11 de agosto de 1689 – "Deixou a sua alma por sua herdeira, e uma instituição de missa quotidiana na dita igreja de sua sepultura" (Nossa Senhora do Desterro em Olinda). Essa tradição foi extinta em 1766 e radicalmente em 1769 (Marquês de Pombal). Os cuidados pela "salvação" sabiam iludir a proibição legal, obrigando os herdeiros naturais a uma sucessão de despesas intermináveis. Por todo século XIX no Brasil, vários testamentos astuciosos faziam praticamente a alma do defunto coerdeira ou usufrutuária. O morto continuava dispondo da fortuna pessoal em benefício de sua instalação no Paraíso.

A nudez é uma defesa mágica contra os espectros. É isolante e os feitiços por contato serão ineficazes. Ver "Nudez" no "Dicionário do Folclore Brasileiro". Todo canto, interseção de duas paredes, é "cama das almas", fiscalizando a normalidade do lar em que viveram. As orações percorrendo "os quatro cantos da casa" eram poderosas e já populares no século XVI. Não devemos jogar sobejos nos cantos para não ofender aos espíritos.

Alma não interrompe quem vem cantando pela estrada escura. O canto é uma companhia sagrada. *Donde hay música no puede haber cosa mala*, afirmava Sancho Panza.

Cruz das Almas são altos cruzeiros de madeira ou pedra, erguidos nas encruzilhadas. Nas cidades, coletavam esmolas em caixinhas facilmente arrombáveis pelos sócios das Santas Almas Benditas. Pelo interior do Brasil valiam símbolo de Fé, afastando as entidades malévolas e fantásticas, marcando "caminho certo". Existiam em quase todos os territórios povoados no século XVIII. No Rio Grande do Norte mencionam "Cruz das Almas" em 1784 em Currais Novos, ao redor dos futuros limites municipais de Lagoa Nova, e povoação antiga no Martins. Denomina município na Bahia. Sinal de posse, Cruz das Posses, Distrito de Sertãozinho em São Paulo. Com os nomes de Cruz, Santa Cruz, Cruzeiro, batizam 46 municípios e distritos no Brasil de 1965.

Simples topônimos são incontáveis. Há peculiaridades: – Cruz da Esperança (SP); das Graças (SE); das Moças, dos Padres, no Recife; Cruz de Pedra, no Ceará; Cruzeiro dos Peixotos, em Minas Gerais, os Cruzeiros do Sul. Em São Gonçalo do Amarante, RN, havia velha devoção à "Santa Cruz do Caboco". Substituíram na Europa medieval aos *Lares Compitales e Lares Viales*, protetores dos viajantes pagãos. Ao pé dos cruzeiros há sempre uma alma.

* * *

No Quotidiano Sobrenatural

Quem amanhece com a boca salivosa e amarga é por ter comido papa ou mingau das almas.

Os toalhados e cobertores guardados nos gavetões e encontrados úmidos foram mijados pelas almas.

As pequenas equimoses arroxeadas ou azuis, vistas na pele, ditas *blues* em França, foram beliscões das almas.

As sandálias deparadas pela manhã em posição diversa em que foram deixadas ao adormecer serviram às almas durante a noite.

Água inexplicavelmente derramada no aposento denuncia alma desajeitada e sedenta.

Rede de criança balançando sem motivo é gesto de alma, saudosa dos filhos.

Um clarão brusco, inesperado, rápido, ou simples impressão luminosa, fosfenos, é um aviso das almas amigas, aconselhando evitar o que se está pensando fazer.

As almas escondem objetos que provocariam pecados graves.

Casa ou recanto mal-assombrado, sinais de ouro enterrado, visões confusas de brancuras indistintas, pavor súbito, inexplicável, dominador, são presença das almas e não dos Demônios.

No velho bom Tempo em que a família fazia orações reunida ante o oratório, a derradeira reza era dedicada em favor das almas para que tivessem "um bom lugar" no Céu.

Caindo alimento ao chão, dizia-se: – "Para as almas!". Evita que o Diabo coma.

Durante a noite as quartinhas e bilhas eram tampadas e punha-se testo aos potes e jarras, guardando água de beber. As superfícies expostas atraíam almas vadias e folionas, contaminando o líquido com a baba, viscosa, nauseante.

Entre as orações que podiam ser feitas em decúbito dorsal, excluía-se a oferecida às almas. Exigia-se ficar de joelhos ou de pé. Nem sentado e nem deitado. Toda devota das almas morre muito velha.

Para atravessar caminho afamado pela visita fantástica, dispunha-se os braços no peito em santor, na forma da cruz de Santo André. Os espectros respeitavam o portador do signo mártir.

Alma não atravessa água. Nem os animais fabulosos e seres diabólicos.

Alma não se faz visível a bêbado e menos a quem esteja manejando algum instrumento musical, de cordas ou de sopro.

Uma lâmina de aço, nua, limpa, reluzente, impossibilitará qualquer manifestação espectral. Nas Ciências Ocultas é objeto indispensável, polarizador da energia defensiva do invocador, que pode obrigar certas "aparições" a jurar veracidade e conduta sobre a folha da espada. Constitui um permanente esconjuro para os maus espíritos. A espada ou espadim desembainhados guardam o sono tranquilo de qualquer cristão. O brilho do metal afiado dissipa a substância fantástica. Simboliza o gládio flamejante do querubim no Paraíso. Os faunos e sátiros temiam-na.

As exteriorizações do pavor individual reforçam a visibilidade do espectro. Tanto mais amedrontada estiver a criatura quanto mais natural e nítido tornar-se-á o fantasma.

Nem todas as penitências cumpridas na Terra serão visíveis aos olhos humanos. Quando uma alma é vista e desaparece em seguida é porque fora surpreendida na sua secreta mortificação.

As crianças, os cavalos e os cães percebem as almas invisíveis, parece que sem que essas desejassem ser vistas.

A crença jangadeira no Nordeste é que a alma dos afogados só aparece aos pescadores.

Os malucos conversam naturalmente com os espíritos.

Pelas praias e barcos alma não aparece aos domingos.

Gente nua não vê alma. O espírito exige decência, decoro, compostura. Refiro-me às almas da tradição antiga.

Alma de quem não teve sepultura "no sagrado", afogado no mar, perdido nos matos, serras e descampados, desaparecido "nas guerras", diz o nome de vivo porque não conserva a fisionomia que possuía no mundo, fazendo-se reconhecer.

O toque dos sinos não afugenta alma do outro Mundo mas assusta e repele os Demônios semeadores das tempestades, incêndios e pestes.

Espírito de afogado no Mar não anda em cima das ondas. Aparece até a cintura ou somente a cabeça de fora. Não é esqueleto mas um corpo inchado, amarelo, balofo, com os olhos brancos. Quem pisa "im riba d'água sem afundar" é Santo.

Desapareceu a imagem das almas precedidas pelo rumor metálico das correntes arrastadas.

CONSULTA ÀS VOZES

*H*ermes, o Mercúrio romano, possuía em Farae, na Acaia, norte do Peloponeso, um templo onde se manifestava, atendendo às consultas dos devotos, respondendo-as no singular processo das "vozes". Purificado, o consulente dizia em sussurro às ouças do ídolo o seu desejo secreto, esperança de obtê-lo e direitos naturais da súplica. Erguia-se, tapando as orelhas com as mãos, e vinha até o átrio, onde desempedia os ouvidos, esperando ouvir as primeiras palavras dos transeuntes. Essas palavras ocasionais seriam a resposta do oráculo, a sentença do Deus: (Pausânias, VIII).

Essa fórmula de Hermes, que valerá dizer "o intérprete", popularizou-se e veio atravessando quarenta séculos. Tempo, idiomas, raças, até nossos dias contemporâneos.

Estudando as superstições em Portugal, informa Teófilo Braga: – "A voz humana tem poderes mágicos": um feiticeiro: – "Para saber se uma pessoa era morta ou viva, dizia à janela: – Corte do Céu, ouvi-me! Corte do Céu, falai-me! Corte do Céu, respondei-me! Das primeiras palavras que ouvia na rua acharia a resposta": (Sentença das Inquisições). Na Foz do Douro, costumam as mulheres andar às vozes para inferirem pelas palavras casuais que ouvem do estado das pessoas que estão ausentes. D. Francisco Manoel de Melo, nos Apólogos Dialogais (mais precisamente nos Relógios Falantes, 24, ed. brasileira, 1920), refere esta superstição: – "e com o próprio engano com que elas traziam a outras cachopas do São João às quartas-feiras, e da Virgem do Monte às sextas, que vão mudas à romaria, espreitando o que diz a gente que passa; donde afirmam que lhes não falta a resposta dos seus embustes, se hão de casar com fulano ou não; e se fulano vem da Índia com bons ou maus propósitos; ou se se apalavrou lá em seu lugar com alguma mestiça filha de Bracmene". As vozes também se escutam da janela, e a pessoa que se submete a esta sorte prepara-se com essa oração: – "Meu São Zacarias, meu Santo bendito! Foste cego, surdo e mudo, tiveste um filho e o nome puseste João. Declara-me nas vozes do povo...". Da ilha de S. Miguel, escreve Arruda Furtado: – "Quando qualquer pessoa quer saber notícias que lhe hão de vir de um amante, vai de noite num passeio até o adro da igreja em que está o Santo Cristo, rezando umas contas e com outra pessoa atrás para ir ouvindo melhor o que se diz pelo caminho e dentro das casas, e isto sem que nenhuma delas diga uma só palavra. Quando voltam vêm combinando o que ouviram e dali concluem que novas hão de vir": (O Povo Português, II, Lisboa, 1885).

J. Leite de Vasconcelos registara semelhantemente: – Tradições Populares de Portugal, Porto, 1882.

Essa é a origem da tradição supersticiosa brasileira. As "vozes" são especialmente dedicadas a Santa Rita e não a São Zacarias. O Barão de Studart (Antologia do Folclore Brasileiro, S. Paulo, 1971) regista no Ceará: – "Para adivinhar o futuro, reza-se o Rosário de Santa Rita, ao mesmo tempo que procura-se ouvir na rua ou da janela a palavra ou frase que será a resposta ao que se pretende saber. Reza-se o Rosário de Santa Rita substituindo-se os Padre-Nossos do rosário comum pelas palavras: – 'Rita, sois dos Impossíveis, de Deus muito estimada, Rita, minha padro-eira, Rita, minha advogada', e substituindo as Ave-Marias pelo estribilho: – "Rita, minha advogada!".

Getúlio César (Crendices do Nordeste, Rio de Janeiro, 1941) testemu-nha o uso cearense: – "No Ceará, na cidade de Granja, em uma noite de lindo plenilúdio, minha atenção foi desviada para uns grupos de senhoras que passeavam pelas ruas, aproximando-se silenciosamente das pessoas que palestravam nas calçadas. Procurando saber de que se tratava, o hoteleiro me explicou: – São pessoas que desejam saber notícias dos parentes dis-tantes, no Amazonas. Fazem oração (o rosário de Santa Rita) e esperam ouvir, dos que conversam, a resposta desejada. Um 'pode ser', 'talvez', 'nunca', 'muito breve', sim, não etc. são palavras e frases que vêm dar respostas à pergunta que fizeram quando rezavam o rosário. Afirmam ser isso positivo e recorrem ao rosário com absoluta confiança. As senhoras, quando querem ter uma resposta segura para algum casamento em pers-pectiva ou demorado, ou quando desejam saber notícias de alguém que longe está, lançam mão do recurso fácil e positivo: o rosário de Santa Rita. E, assim, nas noites escolhidas, de ordinário ao luar, porque há muita gente passeando pelas ruas, saem elas em grupos silenciosos, rezando em um rosário. Nos padre-nossos dizem: 'Minha Santa Rita dos Impossíveis, de Jesus muito estimada, sede minha protetora, Rita, minha advogada: valei--me pelas três coroas com que fostes coroada, a primeira de solteira, a segunda de casada, a terceira de freira professa, tocada de divindade'. E nas ave-marias: – 'Valei-me, Santa Rita do meu amor, pelas cinco chagas de Nosso Senhor!'. Uma palavra qualquer dita por alguém que passa e que tenha uma ligeira conexão com o assunto da pergunta feita, será, como atrás dissemos, a resposta que pode trazer tristeza ou alegria, mas que será recebida como se fosse uma mensagem celeste". Getúlio César recolheu a segunda versão do rosário de Santa Rita. Santa Rita dos Impossíveis, Santa Italiana do séc. XIV, beatificada no XVII e canonizada na primeira década do XX, Rita de Cássia, por ali ter nascido e falecida, casada com mau marido e mãe de maus filhos, freira augustiniana, levada ao convento, miraculosamente, pelo próprio S. João Batista, intercessora de horas amargas e casos de angústia, é padroeira de trinta paróquias e denomina vinte e três municípios no Brasil... antes que o Papa a proclamasse Santa.

No meu tempo de estudante de Direito no Recife, 1924-28, havia a Consulta às Vozes, não nas ruas e praças movimentadas, mas nas calçadas de igrejas de S. Antônio e S. José de Ribamar. Semelhantemente, em Souza, na Paraíba, e em Oeiras, no Piauí. Em 1919-22, constatei a crendice no Rio de Janeiro central. Ignoro a existência dos arrabaldes.

O Prof. Raffaele Castelli menciona-a na Sicília. A mãe da noiva, depois de orar, oculta-se detrás de uma porta de igreja e a primeira palavra ouvida é a resposta sobre o futuro da filha. Em Palermo algumas igrejas tornaram-se populares por essa tradição.

Um episódio clássico ocorreu a Santo Agostinho (354-430), quando professor de Retórica em Milão e narrado nas Confissões (VIII cap. XII). Debatia-se numa crise espiritual, passeando num jardim. "Estando nisto, ouvi uma voz da casa que estava ali perto, como se fosse não sei se de menino ou menina, com uma canção que dizia, e repetia muitas vezes: – Toma, lê! Toma, lê! e eu mudando o rosto entrei a considerar, se porventura os meninos costumavam cantar semelhante cantiga em algum jogo; e não me lembrava de a ter ouvido em parte alguma; e reprimido o ímpeto das lágrimas, me levantei, não entendendo ser-me mandada outra coisa divinamente, senão que abrisse o livro e lesse o primeiro capítulo, que se me oferecesse." Leu então a Epístola de S. Paulo aos Romanos e converteu-se ao Cristianismo. A voz anônima cantando o Tolle, lege, tolle, lege fora para ele aviso celestial.

Não seria outra a mecânica racionante de D. Quijote de la Mancha (II, Madrid, 1615): – Vió Don Quijote que en las eras del lugar estaban rinendo dos muchachos, y el uno dijo al outro: – No te canses, Periquillo, que no la has de ver en todos los dias de tu vida. Oyólo Don Quijote, y dijo a Sancho: – No adviertes, amigo lo que aquel muchacho ha dicho: "no la has de ver en todos los dias de tu vida"? – Pues bien: Qué importa – respondió Sancho – que haya dicho eso el muchacho? – Qué? – replicó Don Quijote – Nos ves tú que aplicando aquella palabra a mi intención, quiere significar que no tengo de ver más a Dulcinea?"

Do séc. XV é o depoimento da velha Celestina, enumerando entre os bons agouros deparados quando ia para a casa da moça Melibéa: – La primera palabra que oi por lal calle fué de achaque de amores! (La Celestina, IV Fernando de Rojas, Burgos, 1499).

Há na noite de São Pedro, 29 de junho, a famosa adivinhação de São Pedro que é uma consulta às vozes. Passa-se um copo d'água pela chama da fogueira, reza-se: – "Pedro, confessor de Nossa Senhora, Jesus Cristo, Nosso Senhor vos chamou e disse – Pedro, tomai estas chaves do Céu, são vossas! Por elas vos rogo, glorioso São Pedro, que isto tiver de acontecer (faz-se o pedido), três Anjos do Céu e três vozes do Mundo digam três vezes: Amém! Amém! Amém! Não tendo de acontecer, três vozes do Mundo digam três vezes: Não! Não! Não!". Fica-se com água da boca, numa janela ou soleira de porta, esperando a resposta das vozes da rua.

Em Portugal, pelas festas do Natal, com água da boca aguarda-se, atrás duma porta ou janela, o nome do futuro esposo. No Brasil vive superstição idêntica durante o São João.

Certamente esse processo de consultar a vontade divina através das vozes dispersas da multidão, podia ter determinado a frase Vox Populi, Vox Dei, lembrada por Martins Sarmento, o grande arqueólogo de Guimarães, ao prof. J. Leite de Vasconcelos. A voz do Povo é a voz de Deus, do Deus dos cristãos, como fora de Hermes ou Mercúrio, agora na intenção das fórmulas rogativas de Santa Rita, do Profeta Zacarias ou do Apóstolo Pedro. O oráculo grego de Acaia é a mais antiga forma dessa técnica condutora da Esperança.

Refeição aos cachorros e outras promessas

Pelo Norte do Brasil, do Ceará ao Amazonas, desde finais do século XIX resiste a tradição de oferecer uma farta refeição aos cães, pagando promessa a São Lázaro, mais comumente, ou a São Roque, ambos inseparáveis desses animais invocados contra moléstia de pele, úlceras, feridas-brabas. Dizem *Mesa de São Lázaro* ao jantar, sem número determinado de "convidados" que os donos acompanham, mantendo a possível disciplina. Em Belém do Pará é almoço, e o Governador Magalhães Barata assistiu várias vezes.

O mais antigo registo é de Rodrigues de Carvalho, *Cancioneiro do Norte*, 1903, referente ao Ceará, Uruburetama, Itapagé, mesmo em Fortaleza e outras paragens, noticia-me o jornalista César Coelho. Getúlio César descreve em Amarração, Piauí, Astolfo Serra no Maranhão, Mário Ipiranga Monteiro no Amazonas. Os convivas espatifam a louça e a reunião termina em acesa guerrilha. Maria de Belém Menezes informa-me do ágape aos caninos realizar-se em Belém, Abatetuba, no Tocantins, Ourém e Capanema na região de Bragança, e mais além. Em Capanema participam sete cães e sete meninos, aqueles enfeitados com fitas vermelhas. Em Igarapé-Mirim a festa terá doze cachorros e doze virgens. O cardápio consta de assados e guizados próprios às mandíbulas convivais. Põem esteiras e gamelas mas certos devotos exigentes não dispensam toalhado, pratos, talheres, copos, dando feição verdadeira de mesa posta, embora no chão. Depois é que os "cristãos" comparecem para o jantar especial, findando em bailarico animado.

Ignoro documentário espanhol e português. Nem mesmo ao Sul do Ceará. Não me consta a existência de Lectistérnio em Roma e Teoxenia em Atenas, banquetes sagrados, que fossem oferecidos aos animais votivos dos Deuses. Nem mesmo na Consuália romana onde festejam os cavalos em honra de Netuno. Sei da Hekateia grega onde os cães eram sacrificados. O "costume" em Belém do Pará veio do Maranhão. Como a minha imaginação jamais substituiu comprovação nas origens, nada sei de como e onde começou o *Mesa de São Lázaro*.

Parece-me bom exagero a inclusão da mesa, toalha, copos, talheres, para o festim cachorral. O ágape sem sobremesas e vinhos devia apresentar--se nas amplas gamelas de madeira, postas nas esteiras de carnaúba. Mesmo para os cães, evitava-se colocar o alimento diretamente no solo, não apenas desprezo mas sacrilégio por ser uma dádiva de Deus.

As "promessas" maioritárias são orações e comunhões. Aquelas que se prolongam em votos: uso de determinadas cores nos trajes infantis e adolescentes, conservação da cabeleira e barba nazarenas (agora vulgares), abstenção de alimentos e doces, considerados de excessivo deleite, renúncia ao conforto noturno, são milenárias e europeias. As "promessas", na acepção de Oferendas aos Entes Sobrenaturais, foram comuns aos africanos e ameríndios, insulares e continentais. Não aos árabes mas aos mouros do Mediterrâneo, com a tradição dos "Santos" locais levados para o Maometismo, depois da morte do Profeta de Deus, clemente e misericordioso.

Há "promessa" para servir nas igrejas como Zeladoras, temporárias ou vitalícias, cantar no coro, varrer os templos na véspera das festividades, no exemplo da *lavagem* jovial no Bonfim, na cidade do Salvador. A Princesa Imperial D. Isabel cumprira essas tarefas piedosas em Petrópolis, exasperando a propaganda republicana. Nas festas populares a São Gonçalo, onde há refeição coletiva, alguns fiéis abatem os animais oferecidos, cozinham e preparam as iguarias, servem à mesa, por *devoção* ao Santo. Outros somente comem especificadas vísceras, previamente reservadas sob pena de jejum penitencial por parte do preceituoso devoto. Promessa de não falar durante as cerimônias litúrgicas, modalidade da "Romaria calada" no Norte de Portugal. De promover a Dança de São Gonçalo, única manifestação do bailado religioso no Brasil, formalmente proibido pelos vigários velhos. Acompanhar procissão com os pés descalços, vestindo mortalha, carregando cruzes, pedras, imagens de vulto, são presenças da Europa beata.

Naturalmente esse complexo de sobrevivência cultural vivia nas almas de clima tradicionalista. A religiosidade medular, como a moralidade funcional, são inversamente proporcionais à densidade demográfica. Vicejam por coesão nos ambientes limitados e comprimidos pelos respeitos ao Passado familiar, regra inflexível do comportamento grupal. Ramón y Cajal fazia depender a tranquilidade hereditária da ausência de arranha-céus e de chaminés industriais. Nessa paisagem de concreto e cimento-armado as superstições de utilidade individual substituem a imagem da credulidade camponesa, cuja diferenciação estava no timbre das vozes e na diversidade fisionômica.

* * *

Há pelo interior do Brasil, sobretudo na região do Nordeste, Santos cuja benéfica e oportuna intervenção é retribuída com saltos, gritos e assobios, e não velas, orações, esmolas. Esse estranho ritual pelas graças alcançadas vive desde tempo remoto porque os velhos mais antigos informavam de sua presença quando eram crianças. Já estava em 1909 entregue ao uso infantil e adolescente, embora, vez por vez, uma voz feminina lembrasse o costume, "pagando promessa" alteando a voz, preferencialmente ao ar livre.

O primeiro desses Santos de oblação estridente e ginástica, alfabetica-mente, é São Dino. O Barão de Studart ensinava no Ceará: – "Para encontrar coisas perdidas, promete-se gritar três vezes por São Dino". Achada a coisa, diz-se: "São Dino é o Santo mais milagroso da Corte Celeste". Publicidade.

São Longuinho é o segundo. Há cinco Santos com esse nome no *Martyro-logium Romanum*. Getúlio César registou em Pernambuco: – "As crianças, quando perdem qualquer coisa, são instruídas a fazer uma promessa a São Longuinho nos seguintes termos: – 'Meu São Longuinho, se eu achar o que perdi, dou três saltos, três gritos e três assobios'." Achando o objeto perdido, a promessa é imediatamente paga com estridência. Diz-se também "São Guino".

São Vítor é o terceiro, um dos trinta e cinco constantes no *Martyro-logium Romanum*. Pereira da Costa informa em Pernambuco: – "Para achar--se um objeto perdido, basta oferecer-se três vivas a São Vítor!". A pronúncia vulgar é São *Vito*. O "Vítor!", expressão aclamativa, de excitamento e de aplauso, comum no século XVI em diante, nas fontes espanholas e portu-guesas, foi estudada por João Ribeiro e Alberto Faria, sem que se referissem à tradição brasileira das promessas curiosas na satisfação jubilosa.

Não conheço referência além da Bahia.

No meu tempo devocional de menino no Sertão do Oeste no Rio Grande do Norte as invocações mais prestigiosas eram São Dino e São Vito. Gritava-se, pulando no terceiro: – "Achei São Dino! Achei São Dino! Achei São Dino!". Se o achado fosse portátil, exibia-se, erguendo-o na mão.

O feliz atendido jamais se contentava em dar apenas três saltos, três gritos e três assobios...

"São Campeiro" localiza as coisas perdidas, exigindo velas acesas nos recantos pesquisados, tal-qualmente o Negrinho do Pastoreio nas lembran-ças gaúchas. Euclides da Cunha deparou-o nas caatingas baianas ao derre-dor de Canudos, em 1897, citando, "as rezas dirigidas a São Campeiro, canonizado *in partibus*, ao qual se acendem velas pelos campos, para que favoreça a descoberta de objetos perdidos". Campeiro, de campos, dar campo, procurar. São Campeiro intervindo, a busca será em passo miúdo quase aos saltos, como grilos.

MINHA NOSSA SENHORA

A devoção mais profunda e popular no Brasil é dedicada a Nossa Senhora, cuja invocação implica o possessivo no singular porque o plural daria a função maternal genérica e o fiel pretende possuir o direito privativo da unidade afetuosa. Daí *Minha Nossa Senhora!*

Portugal do século XIV estava povoado de igrejas, capelas, altares à Santa Mãe de Deus e para Ela dirigiam a quase totalidade das rogativas. Os séculos XV e XVI foram fervorosos, dando o santo patrocínio aos instrumentos da atividade nacional. As naus ostentavam o nome preferido na variedade das invocações protetoras. Entre 1496 e 1650, na carreira da Índia velejaram 29 naus "Conceição". Apenas perdia para Santo Antônio, padrinho de 31. Mas no Brasil o Santinho de Lisboa alcançou 228 paróquias e a Divina Conceição vence por sessenta, titular de Bispados e catedrais, entronada em 288 paróquias (1947) e 38 municípios (1965), não contando 16 com o "Nossa Senhora" seguindo-se o topônimo. Mais do que o Filho, a Mãe intervém na confiança das súplicas. O culto de Nossa Senhora em Portugal começa pela sua História política e uma bibliografia emocional exalta a divina presença, incalculável na toponímia infinita nos versos anônimos. Motiva as romarias mais antigas, ardentes, movimentadas. Cantava, há seis séculos, o trovador Afonso Lopes de Bayam:

> *Hyr quer'oj, fremosa de coraçom*
> *por fazer romaria e oraçom*
> *a Sancta Maria das Leiras*
> *poys meu amigo hy vem!*

Conceição é a Vila de Itamaracá, altares em Pinheiro, Itanhaém, trinta lugares quinhentistas, com procissão e festa em lembrança da Purificação, Candelária, 2 de fevereiro; Natividade, 8 de setembro; Apresentação, 21 de novembro; Assunção, Glória, Vitória, 15 de agosto; Conceição, 8 de dezembro. Desde as primeiras décadas do II século (grande época dessa literatura exaltada e fantasista), vibrou uma delirante simpatia pela Mãe de Deus, resgatando-a do laconismo dos Evangelhos canônicos quanto a sua infalível intervenção junto ao Filho. O ProtoEvangelho de Jacó é um índice desse fervor anônimo pela Virgem Maria, mantido, em espírito apologético, pela ternura coletiva cristã, até a contemporaneidade veloz. O Povo defendia pela intuição filial as cinco prerrogativas especiais da Madre-Deus: – Maternidade divina; Virgindade perpétua; Conceição imaculada; Assunção corporal; Intercessão universal. Arrastaria os teólogos desavindos e turbulentos a unidade dogmática da Imaculada em oito séculos disputadores vencendo o onipotente Santo Tomás de Aquino, na definição de Pio IX (1854). Pio XII fá-la-ia "Rainha do Mundo" (1942) e Paulo VI "Mãe da Igreja"! (1964). Mãe do Povo em Jaraguá, Alagoas, Mãe dos Homens no paulistano Porto Feliz, norte-rio-grandense Baixa Verde (João Câmara), duas outras em Minas Gerais. Nossa Senhora das Orações em Rio Turvo, Florianópolis, Divina Pastora em Sergipe, Nossa Senhora do Brasil na Urca, desde 1934. O pequenino vulto de barro escuro deparado em 1717 no Rio Paraíba é Nossa Senhora Aparecida. Pio XI proclamou-a Padroeira Principal do Brasil (1930) e a capelinha humilde de 1745 é suntuosa basílica, título de Pio X em 1909. Mas o Cardeal Leme amava que a dissessem "Conceição Aparecida", como em Lourdes em 1858 e em Beauraing, Bélgica, em 1932. Nossa Senhora dos Humildes em Alto Longá e Paulista, Piauí; dos Mares no Salvador. É a Auxiliadora no voto de Pio V depois de Lepanto; da Esperança, que Pedro Álvares Cabral conduziu na câmara da capitania a primeira imagem vista pelos olhos brasileiros; Piedade, Ajuda, nome da nau que trouxe Tomé de Souza em 1549; Socorro, Necessidades, Remédios, Livramento, Alívio, Boa Viagem, da Luz, da Guia; as padroeiras das futuras mães, das Dores, Consolação, Boa Hora, Bom Parto, Bom Sucesso, Bom Despacho, do Ó, da Expectação ansiosa pelo momento feliz; e as clássicas, Carmo, tirando as almas do Purgatório, Mercês, Rosário, Assunção gloriosa, Mãe de Deus; pelo Concílio de Éfeso em 431, Apresentação, padroeira da minha cidade, Pilar; Penha, Patrocínio, Soledade, Desterro, da Glória, reverência do Brasil Imperial, quantas, na indecisão luminosa dos nomes incontáveis? As auspiciadoras da tranquilidade, Nossa Senhora da Paz, do Sossego, do Descanso, das Graças. Em 1641 os holandeses puseram a pique nas águas de Goa a nau portuguesa "Nossa Senhora da Quietação" de utilidade indispensável nesse século ofegante.

As confrarias organizavam-se no século XVI na Bahia e Pernambuco. Os Jesuítas mantinham a devotada assistência marial. Anchieta escreve louvor insigne. O Padre Nóbrega, em julho de 1559, conta que o Padre João Gonçalves, devoto da Conceição, insistira para que pregasse na aldeia do Espírito Santo, ao derredor do Salvador: *nesse dia me pedira que pregasse em seu dia as grandezas desta Senhora e que dissesse que soubessem negociar com Nosso Senhor por meio dela que não podia haver outro melhor negociar!* Anunciava a suprema Medianeira que Paulo VI divulgaria em 1964. De 1848 a 1960, 77 aparições em crianças e populares, pelo Mundo, 10 aprovadas pela decisão episcopal positiva. *Omnia voluit nos habere per Mariam, Dei genitrix Virgo!* cantava-se quando a Virgem Mãe era louvada em latim.

Existe entre o Povo um Evangelho oral, apócrifo, sedutor pela vivacidade dos episódios, destinado à sublimação carinhosa das entidades divinas. Minha avó materna, Maria Ursulina da Câmara Fernandes Pimenta (1835-1929), foi uma das minhas Camenas informadoras. Seus lúcidos 94 anos de absoluta Fé sertaneja guardavam fragmentos sinópticos de uma tradição imemorial da Sagrada Família, evocando palavras e atos que os Evangelhos canônicos desdenharam recolher. Antes da Ascensão, Nosso Senhor apanhando um leve punhado de areia, disse aos Discípulos: – *Até mil e pouco!*, e atirou-o ao vento. Nossa Senhora, apiedada da brevidade do prazo concedido, encheu a santa mãozinha de areia e jogando-a também ao ar, suplicou: – *E mais estes, meu Filho*! Nós vivemos essa dádiva suplementar da Mãe de Deus.

Numa festa votiva pela Anunciação de Nossa Senhora, 25 de março de 1646, D. João IV proclamava, com aplausos das Cortes, a Virgem da Conceição "Padroeira e Defensora dos Reinos e Senhorios de Portugal". Ele e seus sucessores seriam vassalos e tributários de Nossa Senhora da Conceição da Vila Viçosa. "Desde então, nunca mais os Reis de Portugal se apresentariam ou representariam coroados, por haver sido transferido para a Mãe de Deus, o símbolo da sua realeza", informa o historiador Hipólito Raposo. Nem mais um Rei de Portugal, em 264 anos submissos, poria na cabeça a Coroa Real. Oito anos antes, Luís XIII, Rei de França, fez *le voeu placant son royaume sous la protection de la Vierge*. Motivará o quadro de Igres e o mármore de Coustou. Em 13 de maio de 1931 Portugal foi consagrado pelo Episcopado ao Coração Imaculado de Maria, sinônimo litúrgico de Nossa Senhora da Conceição, que possuía domínio 285 anos anteriores, em visível usucapião jurídico.

Aprendemos a temer a Deus e amar Nossa Senhora. O poeta Lourival Açucena (1827-1907), de unânime admiração no velho Natal, fez-se pastor protestante, batizando os catecúmenos por imersão nas águas do Baldo.

Apesar do fervor luterano não abandonara a preferência sentimental, cantando em versos a Mãe do Céu. Glosando mote desrespeitoso, "Escorei Nossa Senhora, / Com bacamarte na mão", improvisou resposta feliz:

> *Contra a Virgem que se adora*
> *Renhida questão se trava.*
> *Mas eu, tomando a palavra,*
> *Escorei Nossa Senhora.*
> *Os ímpios saem, vão embora*
> *Sem esperar a conclusão,*
> *Por que eu lhe disse então*
> *Que afinal sustentaria*
> *A pureza de Maria,*
> *Com bacamarte na mão!*

Rainha dos Anjos e dos Santos, o trono situa-se logo depois da Santíssima Trindade, governando pela irresistível doçura persuasiva. Nenhuma criatura humana alcançou os poderes quase participantes da Onipotência. A função materna envolve-a de compreensão, entendimento, misericórdia. O povo confia na piedade ilimitada de quem trouxe ao Mundo a redenção pelo Cristo. Utiliza o infalível processo da "exploração" sentimental tal-qualmente as crianças tudo obtêm da ternura materna. Açaimo as interpretações psicanalíticas dessa incessante percepção tolerante da *Mater Castíssima* ao *Refugium Peccatorum*. É a mais íntima das potestades celestiais.[1]

A invocação ao Coração de Maria, posterior ao século XVII, não é popular entre os homens do Povo brasileiro. É devoção feminina. Jamais a ouvi pronunciar pelos lábios machos. Decorrentemente, o mesmo ocorre com o Coração de Jesus, sem circulação na prática masculina. De tão alta e constante exegese teológica e decidido amor de Papas e Episcopado, o Coração de Maria não se incluiu nas rogativas tradicionais dos homens, lembrados dos nomes familiares no uso secular: – Nossa Senhora, Carmo, Dores,

---

[1] Renato Sóldon, *Verve Cearense*, 185, Rio de Janeiro, 1969, informa: – "Os jornais haviam noticiado que certo Prefeito do interior goiano catolicíssimo, passara o exercício do cargo à Padroeira do Município…".
De um outro, baiano, dizia o Cônego Marcolino Dantas: – "O Prefeito do meu município é Sant'Antônio!". O Cônego Marcolino seria o 4º Bispo de Natal e seu primeiro Arcebispo, de 1929 a 1961. Faleceu em 1967. Foi meu informador.

a onipresente Conceição, Piedade, Bom Conselho, Rosário, Madre-Deus, vivendo a vaga impressão de Santas distintas numa única e verdadeira Mãe.

A velha Chica Cardosa, lavadeira em Campo Grande (Augusto Severo, RN), explicava, *com um saber só de experiências feito*, que "o coração de Mãe é mais mole!". Para a possível meiguice de Jesus Cristo opunha temerosa ressalva: – "Nosso Senhor é Pai mas é Homem!". Arrebatamentos. Restrições. Mistérios. A deusa Tétis já dissera a Vasco da Gama, *o que é Deus ninguém o entende!*

Mãe e Filho constituem os Pais eternos e generosos. O cantador Jacó Passarinho, num autoelogio, declamava:

> *Nossa Senhora, é Mãe Nossa,*
> *Jesus Cristo é Nosso Pai!*
> *"Repente" na minha boca*
> *É tanto que sobra e cai!*

São José, *l'ombre du Père!* como diz Ernest Hello, a quem pertence o mês de março e as quartas-feiras, Patrono da Igreja Católica por Pio IX, anunciando inverno se chove no seu dia, 19, esposo da Santa Virgem, não é nosso castíssimo progenitor, mas o Filho, numa mística e luminosa concepção que somente o Povo seria capaz de imaginar e defender para sempre.

As "promessas" a Santa Virgem distinguiam-se pela delicadeza intencional, acentuando a sentida oblação. As meninas usariam unicamente a cor branca nas vestes, até a nubilidade. Branco com leves ornatos azuis, lembrando a coloração simbólica do firmamento. O delegado fiscal Luís Emídio Pinheiro da Câmara (1849-1916) abençoou 17 filhos, cinco homens e doze moças, entre elas sete marias, Alvina Maria, Maria do Carmo, de Belém, de Nazaré, de Bajé, do Céu, da Conceição. O comerciante Joaquim Policiano Leite (1858-1930) batizou todos os rapazes com o nome de José, José Estelita, José Alcides, José Zacarias, José Péricles, José Carlos, os dois últimos meus companheiros de infância. Das seis filhas as primeiras serão Alice e Ester, e as demais louvarão Maria, usando-lhe o doce nome: – Maria Leocádia, Maria de Lourdes, Maria das Dores, Maria Bernardina. De amplidão nacional os Macedos Soares, José Carlos, José Roberto, José Eduardo. Uma família sem Maria na descendência seria uma comprovação pagã. Impunha-se a inclusão mesmo nos meninos, João Maria, José Maria, Luiz Maria. Constitui amuleto verbal pela simples enunciação. "Aqui tem Maria!", gritava-se na aproximação do pé de vento impetuoso. E o turbilhão desviava-se, reverente. O cabelo solto, atributo virginal, ou preso em uma ou duas tranças, com lacinhos de fita azul, ostentado até noivado podia constituir "voto à Maria". Mês de Maria, Mês Mariano, maio era festivo e a noturna cerimônia religiosa atraía assistência numerosa, notadamente rapazes e moças, para o enleamento recíproco. Os pontos de encontro eram fortuitos e raros. Quantos casamentos tiveram velocidade inicial nessas noites de incenso e canto? Apesar de lido e corrido, o Padre José Severino de Rezende não informou a origem: – "Onde começou este costume e donde veio esta tradição? Ninguém o sabe": (*Meu Flos Santorum*, 1908). As primeiras indulgências foram concedidas pelo Papa Pio VII em 1815. Pereira da Costa cita 1850 como a data de sua introdução em Pernambuco, realizado na Igreja do Carmo no Recife. A divulgação pelos sertões nordestinos foi tarefa dos Capuchinhos nas "Santas Missões" correndo um versinho alusivo:

> *Neste mês de graças cheio,*
> *Que o Brasil desconhecia,*
> *Das culpas o vem livrar*
> *O Coração de Maria!*

Coincidiria com o início do culto ao Coração de Maria, antes ignorado até meados do século XIX no Brasil.

Portugueses e brasileiros cantam o mesmo versinho:

> *Nas horas de Deus, amém,*
> *Padre, Filho, Espírito Santo!*
> *Essa é a primeira cantiga*
> *Que nesse auditório canto!*

Mesmo sabendo identificar a unidade trinitária, o português inclui a Virgem Maria na Santíssima Trindade e também no Santíssimo Sacramento: (Jaime Lopes Dias, *Etnografia da Beira*, I, 1926, III, 1929):

> *Santíssima Trindade,*
> *Jesus, Maria e José,*
> *Tomai conta da minha alma*
> *Que ela vossa é!*

> *Santíssimo Sacramento,*
> *Jesus, Maria e José.*

A réplica brasileira é solidária na interpretação profundamente sincera.

> *Bendito, louvado seja*
> *A honra da nossa fé.*
> *A Santíssima Trindade,*
> *Jesus, Maria e José.*

> *Bendito, louvado seja*
> *O Santíssimo Sacramento,*
> *Jesus e a Virgem Maria*
> *Que nos dão o alimento.*

12 de setembro é dedicado ao "Santíssimo Nome de Maria" e as pragas irrogadas nesse dia viram por cima de quem as diz. São incontáveis os privilégios do nome, atribuindo à portadora poderes especiais ao pronunciar ensalmos, aplicar unguentos com orações, afastar redemoinhos e ventanias uivantes, curar ínguas, hérnias, quistos sebáceos. As Marias-virgens transmitem sorte. Pão mordido por elas garante abundância. Mordido o lobinho na orelha, este murcha e desaparece. Cuspindo nas frieiras, mata-se. Para fazer a cama dos recém-desposados ou benzê-la, indicam uma Maria bem-casada. Não morrem afogadas porque Maria é "Estrela do Mar", suprema invocação dos Templários em perigo de Morte. A tradução de *Míriam* é debatida e confusa e a imaginação borbulhante do Padre Antônio Vieira não fixou fiel sinônimo desse *profundíssimo e fecundíssimo nome* no famoso sermão quando a festa foi instituída. Devia-lhe o grande jesuíta, na invocação de "Nossa Senhora das Maravilhas", pequenina imagem de prata no curato da Sé do Salvador, o estalo na cabeça, tornando-o prodigioso de eloquência e memória.

A letra inicial de *Morte, Mãe e Maria* nós ostentamos na palma da mão.

Com Deus me deito, com Deus me Levanto

Durante o século XVI os portugueses trouxeram para o Brasil as orações familiares e tradicionais. Familiares as do convívio cristão, Padre-Nosso, Ave-Maria, Salve-Maria, Credo. Tradicionais umas tantas de uso reservado e comum, não aprendidas na intenção católica, mas destinadas quase a impor à Divindade a custódia protetora contra todos os males, fórmulas de imprecação irresistível aos poderes sobrenaturais. Noutras, a modesta finalidade era a constante defensiva do corpo e da alma, conduzidas dentro de uma sacola de pano grosso, pendendo do pescoço, como uma arma pessoal infalível. As primeiras deviam ser ditas nos momentos de aflição e desespero. As demais, portáteis, repeliam as agressões da Inveja humana e da perdição diabólica, na simples ação catalítica da presença. Ocultas, independiam da leitura para a eficiência generosa. Recomendavam evitar a exposição aos olhos estranhos. Perderiam as *forças*.

Boa pedanteria tentar indicar, com exibição bibliográfica, a origem das orações fortes localizando-as, como se fosse possível um Povo ignorar os apelos aos Deuses. Os desenhos rupestres do Paleolítico são, em maioria, súplicas para abundância de caça. A arqueologia da Ásia revela a antiguidade espantosa das orações em pedras, couros, chifres, metais, pergaminhos. Possivelmente a Caldeia seja uma região privilegiada, deduzindo-se de suas atividades astrológicas. Mas as Civilizações vizinhas e anteriores avultam nos vestígios rogatórios às Divindades da Terra, do Céu e dos Abismos, dando personalidade a todos os males agressivos. Rezas para afastar ou curar enfermidades. São os ensalmos, ainda contemporâneos. François Lenormant (1874) cita as orações secretas apostas nos lugares visíveis ou ocultos das residências, no estrado dos leitos, obstando o ingresso às adversidades, como encontramos no Povo do Brasil.

Os israelitas residiram séculos em Babilônia e viveram 430 anos no Egito. Dessas regiões trouxeram o *tefêlin, oração preservadora*, as filaterias com frases sagradas do Antigo Testamento. Mouros e árabes ostentam trechos do Alcorão escondidos em retângulos de couro, pendentes do pescoço, tão notados pela África inteira e Ásia muçulmana. Nasceu o *grisgris* da África Ocidental e Oriental, inseparável dos pretos maometanos.

Babilônia, a imensa Babilônia, irradiou suas tradições e pormenores dos cultos adaptáveis na Pérsia, Índia. Pela Ásia Menor à Grécia. Pela Síria ao Egito. Os velhos romanos, de reino, república, império, conheceram as orações em pergaminho e placas metálicas, com ou sem desenhos, valendo esconjuros e imprecações. Não vemos apenas nos livros mas nos Museus europeus.

Portugal do século XVI, a Era da Colonização brasileira, era o Portugal mouro, judaico, ibérico, grego, romano, germânico, enseada de incontáveis afluentes étnicos carreando superstições que atravessaram o Atlântico, plantando-se no Brasil como a cana-de-açúcar, a bananeira, o café, todas do complexo das Índias inesgotáveis. Portugal de Gil Vicente e dos *Autos* de Luís de Camões.

Indagador das culturas anônimas e populares do meu País, vou constatando, pela mão dos meus olhos, as presenças longínquas no Tempo e no Espaço. Vez por vez, uma surpresa na contemporaneidade dos milênios. Risquei o assunto no primeiro capítulo do *Folclore do Brasil* (Rio de Janeiro, 1967), a convergência de mil fontes para a unidade de um uso brasileiro e comum. Nesse final do século XX seria a oportunidade de povoarmos a nossa Arca de Noé com as sobrevivências estudáveis e legítimas na próxima centúria. E não apenas mastigar a casca das ideias boiando na superfície moderna, colhíveis e fáceis à deglutição conterrânea, devota dos ornatos e inimiga da mineração.

O culto católico sugeriu superstições incontáveis pela sedução litúrgica. As *Denúncias* e *Confissões* ao Santo Ofício, quando da temerosa *Visita* à Bahia de 1591, relacionam as mais vulgares: – utilização pecaminosa do óleo da lâmpada do Santíssimo, da água-benta, orações escondidas sob a pedra de ara ou toalha do altar para que o sacerdote, sem saber, dissesse sete Missas sobre elas, fragmentos de ara, chave do Sacrário, espinho da coroa do Crucificado, folha do Missal, pedaço do cíngulo, quase todos os objetos cultuais atraíam abominações propiciatórias ao Estômago e Sexo, porque *no hay nada en que la superstición no se entremeta*, observava Rodriguez Marin. Entre o erguer da hóstia e do cálice rogavam as pragas e maldições irrecorríveis e fatais, já denunciadas na Santa Inquisição de Toledo e Valência em 1538. Vieram as *Cartas de Tocar*, fórmulas rogatórias benzidas, despertando o amor pelo contato. Desapareceram nos costumes brasileiros mas foram valiosas nos séculos XVI e XVII.

Destaco para a curiosidade letrada algumas orações antigas e preferidas na confiança e simpatia do Povo. Constavam de cadernos manuscritos, nomeando-

-se "Oração Preciosa", "Oração Poderosa", "Oração Reservada", todas circulando secretamente como segredos miraculosos de defesa e conquista.

Oração do Anjo Custódio. Desde menino conhecia a estória d'*As doze palavras ditas e retornadas*, contada por Antônio Portel, português do Porto, empregado de meu Pai e assim divulguei-a no *Os Melhores Contos Populares de Portugal*, Rio de Janeiro, 1944, 2ª ed., em 1969, com uma notícia bibliográfica. Lera duas versões portuguesas. A do dr. Jaime Lopes Dias, colhida em Idanha-a-Nova e Monforte da Beira, referindo as *Treze* e a dos drs. Joaquim Pires de Lima e Fernando Pires de Lima intitulada "Oração das Sextas-Feiras", com as clássicas *Doze Palavras*. O texto de Lopes Dias (1929) é beirão e dos Pires de Lima (1938) "de Entre-Douro-e-Minho" são orações e não contos populares. Ultimamente deparei um saquinho contendo oração reservada para livrar dos perigos das viagens, travessias noturnas e agressões imprevistas. Pertencera ao meu tio materno, Antônio Nicácio Fernandes Pimenta (1865-1924), ainda defendida pelo estojo de pelica. Trazia apenas o final das versões portuguesas, realmente o essencial. Seria o tipo brasileiro.

– "As doze palavras ditas e retornadas são os doze Apóstolos acompanhando Nosso Senhor Jesus Cristo. As onze palavras ditas e retornadas são as Onze Mil Virgens cantando no Céu. As dez palavras ditas e retornadas são os dez Mandamentos da Lei de Deus. As nove palavras ditas e retornadas são os nove meses em que o Menino-Deus andou no ventre da Virgem Santíssima. As oito palavras ditas e retornadas são os Oito Mil Coros de Anjos. As sete palavras ditas e retornadas são os Sete Sacramentos. As seis palavras ditas e retornadas são os seis Círios bentos acesos em Belém e queimados em Jerusalém. As cinco palavras ditas e retornadas são as cinco Chagas de Nosso Senhor Jesus Cristo. As quatro palavras ditas e retornadas são os quatro Evangelistas. As três palavras ditas e retornadas são as três pessoas da Santíssima Trindade. As duas palavras ditas e retornadas são as duas tábuas da Lei que Deus entregou a Moisés. A primeira palavra dita e retornada é a Casa Santa de Jerusalém onde Nosso Senhor comeu com os Apóstolos a Ceia Larga. Seja tudo pela sua glória eterna, amém!"

A disposição na ordem decrescente é de alto poder mágico valendo igualmente a intencional repetição das palavras votivas da fórmula. Jaime Lopes Dias anota: – *Para serem recitadas à cabeceira dos moribundos na agonia ou à hora da morte. Quem as começa deve acabá-las sem se enganar e não as deve começar sem as acabar.* Na Beira dizem também "Oração do Anjo Custódio", como no Nordeste do Brasil, onde é oração secreta, *vale-mecum* itinerante.

O Professor Aurélio M. Espinosa, da Stanford University, pesquisou exaustivamente o assunto, com 215 variantes: – *Se trata de una tradición de origem indico, que habiendo passado porversiones persas y árabes, llega después a Europa por médio de versiones árabes, griegas y judias.* Movimenta-se por adaptações sucessivas. Reinhold Kohler informa o tema originar-se de um conto pelvi de Gôsht-i Fryânô, de fontes anteriores à dinastia dos Sassanidas, vale dizer, com os Arsacidas, primeiro terço do século III da Era Cristã. Gôsht-i Fryânô é o herói respondendo às 33 perguntas enigmáticas do feiticeiro Akht, vencido e morto. Irradia-se para o mundo búdico, árabe, israelita, cristão. Chega a Mossoró, no Rio Grande do Norte. Deve continuar vivendo nas memórias humanas das raças espalhadas pela Terra. O chileno Julio Vicuña Cifuentes publicou excelente e longo documentário de ágil investigação.

A nômina mais prestigiosa para as viagens financeiras e contatos pacíficos nas relações públicas é o *Salmo Noventa.* Esse *Thehillim*, hino, foi composto pelo Rei Davi há mais de trinta séculos. Merece a confiança urbana e rural brasileira. O Tempo valoriza-o.

O *Creio em Deus Padre*, o *Credo*, síntese da doutrina católica, Ato dos Apóstolos, é uma das orações da confiança popular. Menos como afirmativa de Fé do que revelando recursos misteriosos além das dimensões litúrgicas. O Povo não se limita a proferir a oração antiquíssima, apostólica e canônica, mas utiliza-a nos planos habituais da intenção supersticiosa.

Credo em Cruz. Rezam-no benzendo-se continuamente. Em Portugal, enquanto pronunciam a reza, riscam cruzes pelo tórax e rosto. Contra espectros e favores.

Força do Credo: – "Salvo eu saio e salvo eu entro. Salve o senhor São João Batista lá no Rio Jordão. Na Barca de Noé entrei, e com a chave do Sacrário eu me tranquei. Com os doze Apóstolos e Jesus me encomendo. Com a força do Credo que eu me benzo. Amém Jesus". Oração para os momentos desesperados. Aconselho não repetir porque abala até os Anjos do Paraíso.

Credo às Avessas. Fortíssima. Irresistível. Perigosa. Recurso supremo em situações trágicas. Quanto menos a rezar, mais forças se acumularão na hora da súplica. Documento da heterodoxia, anônima, ambivalente e desafiante para a intervenção divina. É preciso muita coragem pessoal para dizê-la à meia-noite, do lado de fora da porta da rua. A velha Geracina recomendava pronunciá-la em lugar que não tivesse oratório nem se avistasse cruz. Quando investigava as práticas do Catimbó em Natal, perguntei ao Mestre Antônio Germano se a conhecia e usava. Respondeu, sério: – "Não tenho peito para rezar essa oração!".

– "Creio em Deus-Padre, todo-poderoso, criador do Céu e da Terra. Não creio em Deus Padre, nem é poderoso nem criou o Céu e a Terra. Creio em Jesus Cristo, um só seu filho. Não creio em Jesus Cristo um só seu filho, o qual foi concebido por obra e graça do Espírito Santo, que não foi concebido nem por obra nem por graça do Espírito Santo. Nasceu de Maria Virgem, não nasceu de Maria Virgem; padeceu sob o poder de Pôncio Pilatos, não padeceu sob o poder de Pôncio Pilatos. Foi crucificado, morto e sepultado, não foi crucificado, nem morto e sepultado. Desceu ao Inferno, nem desceu ao Inferno. Subiu aos Céus, não subiu aos Céus. Está sentado à mão direita de Deus-Padre, todo-poderoso, nem está sentado à mão direita de Deus-Padre que não é todo-poderoso. De onde há de vir a julgar os vivos e os mortos; de onde não há de vir nem julgará os vivos nem os mortos. Creio no Espírito Santo, não creio no Espírito Santo. Na Santa Igreja Católica, nem creio na Santa Igreja Católica. Na Comunhão dos Santos, não creio na Comunhão dos Santos; na remissão dos pecados, nem na remissão dos pecados; na vida eterna, nem na vida eterna."

Antônio Germano, que tanto receava o *Credo às Avessas*, em dezembro de 1928, *fechou o corpo* do escritor Mário de Andrade, meu hóspede. Custou a cerimônia vinte mil-réis.

A *Força do Credo* garante a impunidade dos seus devotos. Oculta o criminoso perseguido pela patrulha. Como todas as fórmulas vindas do *Credo*, é indispensável ter muita Fé para obter resultados reais.

Oração do Rio Jordão. É a grande *fiança* dos antigos cangaceiros. Rio Preto e Antônio Silvino foram presos, Jesuíno Brilhante e Lampião morreram, porque haviam perdido o saquinho com essa oração infalível, desde as primeiras décadas do século XIX, auxílio-cúmplice aos bandoleiros das caatingas e tabuleiros nordestinos. Quase um talismã.

– "Estavam no Rio Jordão ambos os dois. Chegou o Senhor São João. Levanta-te, Senhor! Lá vêm os nossos inimigos! – Deixa vir, João! Que todos vêm atados de pés e mãos, almas e corações. Com dois eu te vejo, com três eu te ato. O sangue eu te bebo. Coração eu te parto. Vocês todos hão de ficar humildes e mansos como a sola dos meus sapatos. (*Diz três vezes esta frase batendo com o pé direito.*) Deus quer. Deus pode. Deus acaba tudo quanto Deus e eu quisermos. Salve Rainha!"

As frases, *com dois eu te vejo, com três eu te ato*, atestam centos de anos de uso e abuso devocional. Na *Tragédia Policiana* (Toledo, 1547), o autor, *bachiller* Sebastián de Fernández, resume, na voz da alcoviteira Claudina, os ingredientes indispensáveis para um feitiço: galinha preta, pedaço de perna de um porco branco, e três cabelos da futura vítima, cortados numa manhã de terça-feira, antes do Sol sair. O consulente Silvano, com o pé direito sobre o esquerdo, diria num fôlego, sem pestanejar: – *Con los dois que te miro, con cinco te escanto, la sangre le bevo y el corazón te parto!*

Menéndez y Pelayo divulgou uma nota de D. Francisco Rodriguez Marin, dando conta da ancianidade da fórmula e sua frequência nos processos da Santa Inquisição na Espanha. Num processo de 1600 contra Alonso Berlanga na Inquisição de Valência, consta uma oração encantatória semelhante: – *Con tres te miro,* – *Con cinco te ato.* – Numa documentação contra Isabel Bautista, ano de 1638 em Toledo, reaparecem: – *Con dos te miro,* – *Con tres te tiro,* – *Con cinco te atrebato,* – *Calla, bobo, que te ato,* – *Tan humilde vengas a mi,* – *Como la suela de mi capato.* Noutro estudo (*Meléagro*, "Documento e Pesquisa sobre a magia branca no Brasil", Agir, Rio de Janeiro, 1951) transcrevo mais registos do Santo Ofício espanhol reincidindo na imagem associativa de domínio físico.

Oração de Santo Amâncio equipara-se à do *Rio Jordão* no intuito da conquista amorosa. Santo Amâncio passa a ser *Santo Amanso* amansador, orago secreto de esperanças femininas. Na *Comédia Eufrosina*, de Jorge Ferreira de Vasconcelos, 1560, a moça Vitória exclama: – *São Manso que os amanse...* É oração preciosa, privativa das "Rezadeiras" consultadas, peça do patrimônio incomunicável.

– "Santo Amanso, amansador que amansou os leões brabos, amansai o coração de (*diz o nome*) que vem brabo comigo, como todos os Diabos. Com dois eu te vejo, com os três eu te falo. Deus quer. Deus pode. Deus acaba com tudo que Ele quer. Assim é de ser eu quem acabe com as tuas forças; tudo quanto eu quiser. Traga amarrado de pé e mão e as cordas do coração debaixo do meu pé esquerdo e que eu faça com que tu tenhas toda força, para mim, não!" Padre-Nosso. Ave-Maria. Geracina confidenciava ser essa oração um remédio para a *Mulher da Vida* segurar o amor arredio, mostrando-se intermitente.

A mais antiga e popular oração feminina é o *Sonho de São João*, rezada no pino de meia-noite, véspera do orago, 23 de junho. Durante a vidência onírica a devota recebe a resposta, como os consulentes de Esculápio no templo de Epidauro. – "Meu glorioso São João Batista, vós dormindo queria vossa Mãe, Maria Santíssima. Meu glorioso São João Batista: se este sonho for verdade, quero que me mostreis se tenho de ser casada, mostrai-me casas novas, campos verdes e águas claras. Se não acontecer, mostrai-me casas caídas, campos secos e águas turvas." Cinco Padre-Nossos e cinco Ave-Marias e cinco Glória ao Padre, oferecendo no outro dia. Algumas reforçam com uma Salve-Rainha.

Quando a Salve-Rainha é incluída complementar às súplicas solucionadas durante o sonho, reza-se apenas até o *nos mostrai*!

É oração aplicável às casadas com os maridos longamente ausentes e silenciosos. Suficiente alterar o período *se eu tenho de ser casada* por *se Fulano for vivo*, indicando os sinais positivos e negativos da confirmação.

Existem, naturalmente, outras orações-fortes, poderosas e cabalísticas, mas convergindo para a prática da Bruxaria, da *Coisa-Feita*, do Catimbó, como as orações dos Sete Caboclos, das Estrelas, do Meio-Dia, da Pedra Cristalina, da Cabra-Preta, do Sonho de Santa Helena, e a espantosa Oração ao Sol, em técnica de Envultamento, todas registadas no *Meléagro* (cap. XIII).[1]

Uma nota de ternura infantil. Em 1905, com sete anos, minha Mãe ensinou-me a derradeira oração do dia, balbuciada na hora de dormir. Diziam-na os "inocentes" daquele Tempo. Já não a rezo, mas escrevo ditada pela reminiscência sentimental.

> – "Com Deus me deito, com Deus me levanto!
> Com a graça de Deus e do Espírito Santo.
> Senhora, cobri-me com o vosso manto.
> Qu'eu bem coberto for,
> Não tenha medo nem pavor
> Do mal pior que for!
> Senhor, deitar-me quero!
> Se dormir, acordai-me!
> Se morrer, alumiai-me
> Com as três velinhas bentas
> Da Santíssima Trindade!
> Em nome do Padre, do Filho, do Espírito Santo! Amém!"
> Boa Noite! Boa Noite!...

---

[1] Capítulo XIII do *Meléagro* ("Depoimento e pesquisa sobre a Magia branca no Brasil", Agir, Rio de Janeiro, 1951): "Oração" e "Oração-forte", no *Dicionário do Folclore Brasileiro*, resumem outros horizontes do assunto.

O povo Faz seu santo

*Le peuple élève spontanément à la dignité de saint
et honore comme tel qui lui en parait digne.*

Charles Guignebert, *Le Christianisme Médiéval et Moderne.*

No segundo recinto do Purgatório (XIII) sofrem os invejosos, com as pálpebras cerradas por fio de ferro, castigo aos olhos torvos contra a fortuna alheia. Dante Alighieri dialoga com uma dama sienesa, Sapía de Provenzani ou Sapía del Salvani, que se confessa indigna do nome com o radical de *sapere, saber:* – *Savia non fui, avvegna che Sapia.* Resignada e contrita, evoca sua inveja, a situação orgulhosa e superior da vida passada. Mas continua desdenhosa, obstinada, rancorosa. Detesta seus conterrâneos. Não há uma gota de mel em sua voz suave. Quando vira em 1269 seus patrícios de Siena derrotados em Colle de Val d'Elsa pelos guelfos florentinos, ajudados pelo Rei da Sicília, Carlos d'Anjou, tivera uma explosão de alegria. Nada mais desejava de Deus, tornado desnecessário: – *Omai più non te temo!.* Sabendo que o Poeta voltaria à terra da Toscana pede-lhe orações e recomenda que a lembre aos que tanto desamara.

Menciona, emocionada e grata, as *sante orazioni* de Pier Pettinaio, florentino que se fizera sienês, ajuda piedosa abreviando sua estada no Purgatório. E calou-se, tranquila. Desabafara.

Pier Pettinaio, Pedro Petinguano, Pietro Pettinagno, *ebbe il soprannome dal fatto che vemdeva pettine in Siena*, resume Momigliano. *Pettine*, pente.

Era um bufarinheiro humilde que sem deixar as ruas de Siena encontrara o caminho da salvação sem passar pelo Purgatório. Da Ordem Terceira de São Francisco de Campi, orando sempre, ajudando enfermos, visitando prisões, espalhando as esmolas obtidas para o próprio sustento, cercou-se de auréola santificadora. Vivo, fez milagres e era procurado pela aristocracia local, desejosa de merecer graças sem mudar do rumo confortável. A dama Sapía fora uma das suas consulentes. Mas, enquanto viveu, dispensou-se de renunciar, por palavras e obras, a sobranceria fidalga e altivez distanciadora. Pier Pettinaio faleceu em odor de santidade, a 5 de dezembro de 1289. Sapía estava no Purgatório mais de dez anos anteriores. Pier Pettinaio orou por ela quanto viveu. Quando Dante Alighieri visitou o Paraíso, o apagado e doce Pettinaio estaria entre os eleitos de Deus, com o nome de São Pedro Pettinagnolo.

Mas esse Santo fora feito pelo Povo e sua canonização decretada pelo governo como uma nomeação administrativa dentro de sua competência funcional.

Em 1328 o Senado de Siena intimou que todos os habitantes da cidade, sem exceção, comparecessem à Igreja de São Francisco para assistir à festa de São Pietro Pettinagnolo. *Dioceano ch'egli fu per il reputarono Santo et,* adverte o *Anônimo Fiorentino,* no século XIV. O Papa era guelfo. Siena, gibelina. Para que importunar João XXII? Dispensaram o processo canônico da Igreja Apostólica. *I Sanesi sono gente molto maravigliosa,* concluía o *Anônimo.* E eram... Mas "todos" os Santos venerados pelo Povo católico, em qualquer país do Mundo, passaram pela indagação examinadora da Sagrada Congregação de Ritos, única que *in causis competens?* (*Código Canônico,* 1999, § 2). Há santos universais, nacionais, regionais. Aqueles bretões aos quais Briseux orava em Paris:

> *Saints de mon pays, secourez-moi!*
> *Les Saints de ce pays ne me connaissent pas...*

No *Suplicantes,* de Ésquilo, quando o Rei de Argos, que acolhera as cinquenta danaides, repele o arauto egípcio que as viera procurar, acusando--o de ultrajar aos deuses, ouve a resposta: – "Eu só conheço os deuses do Egito!". A Virgem Santíssima toma partido na Espanha:

> *La Virgem del Puy de Estella*
> *le dijo a la del Pilar:*
> *– si tú eres aragonesa*
> *yo soy navarra y con sal!*

Adverte-se em Portugal, anotado pelo etnógrafo Jaime Lopes Dias:

> *Senhora do Almotão.*
> *Minha tão linda arraiana,*
> *Voltai costas a Castella,*
> *Não querais ser castelhana!*

Bot e Caseras, na Província de Tarragona, Espanha, têm o mesmo orago, São Brás, defensor contra as moléstias da garganta. Mesmo assim, o devoto de São Brás de Bot diz: – *Samt Blai de Bot, que el de Caseras no pot!*. Semelhantemente no Sul da França, para não recordar o ciúme italiano pelos seus Santos locais. Afonso Daudet recolheu a discussão entre um homem da Camargue com outro de Nimes, sobre as respectivas Madonas padroeiras, a mesma Virgem Maria: – *II fallait voir comme ces deux bons catholiques se traitaient, eux et leurs madones: – Elle est jolie, ton immaculée: – Va-t-en donc avec ta bonne mère! Elle en a vu des grises, la tienne, en Palestine! – Et la tienne, hou la laide!... Qui sa ce qu'elle n'a pas fait... Demande plutôt à saint Joseph!* (*Lettres de Mon Moulin*). Axel Munthe lembra que em Anacapri Santo Antônio é muito mais santo que Jesus Cristo. Comum em Castilla-la-Vieja o juramento, *por el Santo Cristo de Burgos!* como se não houvesse outro em Espanha. Numa Cantiga do Rei Afonso o Sábio, narrando a intervenção da Virgem da defesa do castelo de Chincoya, mandado assaltar pelo rei mouro de Granada, há essa rogativa que é intimação patriótica:

e guarda a tu capela
que non seja dos encreos.

Dispenso-me de evocar o ciúme grego e romano pelos seus deuses e o longo formulário para a nacionalização suprema das entidades protetoras das cidades, ocultando-lhes até o verdadeiro nome, *Dii quorum nomina vulgari non licet*, para que o inimigo, sabendo-o, não tentasse obter a divina simpatia. Procurava-se, avidamente, intimidade com os numes, agradando-lhes a predileção e afastando as estrangeiras potestades, como diz um ditado dos Açores:

A Santo que não conheço,
nem rezo nem ofereço.

O Rei Afonso VI de Portugal alistou Santo Antônio de Lisboa no exército quando da guerra com a Espanha. Possuiu patentes militares em Portugal e Brasil, percebendo soldo e usando as insígnias dos postos. Tudo se reduzirá em transformar o Santo "coletivo" num membro do grupo familiar. Torná-lo "patrício". Um dos nossos... Karl von den Steinen, estudando os Bacairis do Rio Xingu em Mato Grosso, salienta o vocábulo *kura* significando nós, nós todos, nosso, e também "bom". E a palavra *kurápa* vale dizer não nós, não nossos e, decorrentemente, ruim, sovina, prejudicial. Nada mais lógico que incluir simbolicamente um Santo na família. Os oragos são padroeiros das famílias locais.

Estão na obrigação de defender e ajudar seus patricionados porque os conhece. "Santo por Santo o de casa que é mais perto!"

Ao lado dos Santos universais e regulares vivem os Santos regionais, irregulares canonicamente mas consagrados pela confiança popular. O hagiolário bretão e flamengo não coincide com o provençal e borgonhês. O próprio Jesus Cristo começou com uma missão nacional de que é documento o episódio com a cananeia. "Eu não fui enviado senão às ovelhas perdidas da casa de Israel." (*Mateus*, 15, 14 e *Lucas*, 13,14), com o apelo filial à Jerusalém.

As populações amam as velhas imagens e têm constituído problema para os vigários a substituição. A continuidade devocional daria valores emocionais de recordação aos "vultos" familiares, uma pátina de impressionante prestígio para as orações. Os Santos de Casa são sempre entidades concordantes com os seus devotos, espécies de *Dii Consentes* ou *Dii Complices*, demasiado compreensivos e sem maior análise finalista quanto ao interesse moral das súplicas. A convivência é uma coexistência psicológica.

Entende o Povo, que aclamava elegendo seus Pontífices e Arcebispos, caber-lhe o direito de consagrar seus Santos. Acompanhando-lhes a vida, o heroísmo das virtudes, o devotamento caritativo, ambienta-os com um halo de invulgar autoridade que o renome espalha e autentica.

Pelo Norte do Brasil recordo o Padre Ibiapina (José Antônio Pereira Ibiapina, 1806-1883), professor de Direito Natural na Academia de Olinda, Juiz de Direito, Deputado-Geral, advogado, ordenando-se, recusando ser Vigário-Geral de Pernambuco preferindo cumprir a vocação missionária pelo Ceará, Rio Grande do Norte, Paraíba, fundando e mantendo Casas de Caridade, igrejas, recolhimentos, escolas: Dom Vital (Vital Maria Gonçalves de Oliveira, 1844-1878), capuchinho, Bispo de Olinda, pregador, enfrentando a Maçonaria toda-poderosa em defesa da autoridade diocesana, processado, condenado, anistiado, Atanásio brasileiro e com projeção, popular que o dizia "Santo" logo depois do falecimento em Paris: Padre João Maria Cavalcanti de Brito (1848-1905), vigário de Natal, apóstolo da caridade, incansável, abnegado inesgotável. Vivo, narravam seus milagres terapêuticos. O busto em bronze é centro de devoção pública, diária infatigável, coberto de ex-votos. Padre Cícero Romão Batista, 1844-1934, vigário do Juazeiro, no Ceará, que tudo lhe deve, suspenso de ordens por divulgar intervenção divina numa familiar, é o mais impressionante motivo humano de atração cultural e de inspiração na literatura popular, canonizado pelo Nordeste, túmulo com milhares de peregrinos, infinitas "graças" publicadas.

Na capital de São Paulo ora-se ao Chaguinha, Francisco José das Chagas, enforcado em novembro de 1822 por insubordinação. A corda partiu-se três vezes e a resignação do condenado conquistou a simpatia popular paulista. Oferecem velas na praça onde o patíbulo se erguia.

Em Curitiba, é Maria Bueno a santa aclamada do Paraná, assassinada em 1893 pelo amante, soldado de Cavalaria.

Em São Gabriel está a Capela dos *Afuzilados*, os irmãos Meira, punidos por indisciplina, atração reverente para quase todo o Rio Grande do Sul. Capelinha repleta de flores, "promessas", retratos.

Em Pedreiras, Maranhão, vive a devoção de outra santa, independente das fórmulas purificadoras da Congregação dos Ritos, mãe Marcelina, negra, analfabeta, humilíssima e irradiante de força mística.

Em Anjicos, Rio Grande do Norte, resiste a Santa Damasinha, Damásia Francisca Pereira, morta em 1843 pelo marido, Francisco Lopes. Durante o enterro, os sinos da Matriz dobraram a finados sem auxílio humano.

Manaus, Santa Etelvina de Alencar, mocinha cearense do Icó, cujo cadáver foi deparado em março de 1901 na Colônia Campos Sales. O sepulcro, no cemitério do Mocó, é local de peregrinação. Túmulo-Capela. No Alto Madeira, Santa Radi, menina serena, rezadeira, dando remédios, tocando violino. Incluem-na na ladainha: – *"Santa Radi, ora pro nobis!"*.

Em Belém do Pará, Mãe Valéria, morta em janeiro de 1800 por ordem do Governador e Capitão-General D. Francisco de Souza Coutinho, excelente administrador. Mãe Valéria era parteira, caridosa e prestável, amada por toda a gente. Severa Romana Ferreira, casada, morta resistindo a um militar apaixonado e selvagem. Estava grávida. O crime ocorreu em julho de 1900. O povo canonizou-a. É uma intercessora valorosa ante o Onipotente.

Pirenópolis, Goiás, Santa Dica, Benedita Cipriano Gomes, santa milagrosa, centralizando fanáticos, provocando escaramuças sangrentas. Projeção em todo o Estado. Viva constituíra objeto de culto[1].

Maceió, Petrúcio Correia, falecido de tifo aos 8 anos em 1938. Túmulo no Cemitério de São José valendo sala de milagres. Impressionante precocidade religiosa e caritativa. É o Guy de Fontgalland brasileiro.

---

[1] Irmã Germana (1784-1833) "reinando" na região central de Minas Gerais, venerada pelos incontáveis romeiros que a santificaram.

Ceará, "Menino Vaqueiro" no Ipu, encontrado morto quando procurava o pai. Põe à vista as coisas perdidas. Madre Vasconcelos, Freira Doroteia em Fortaleza, invocada quando desaparecem documentos preciosos.

Paraíba, Patos, "Cruz da Menina", com assistência de romeiros que já construíram Capela. A menina Francisca, pretinha, desprotegida, morreu em 1930 de maus-tratos da patroa. O cadáver fora atirado aos urubus. Santa dos mais humildes numa confiança inabalável. Em João Pessoa, Maria de Lourdes, à volta dos 12 anos, sucumbiu nas sevícias policiais. No Cemitério da Boa Sentença sua sepultura ilumina-se de velas constantes, flores, gratos ex-votos. Informa-me Celso Mariz.

Voz do Povo, voz de Deus! O Povo está convencido que lhe assiste o direito dessa indicação sobrenatural, tal-qualmente possuiu o instinto de nomear seus velhos tribunos em Roma. Delegação de sua confiança para que representassem diante de Deus as misérias e as esperanças anônimas. Vocação delegatória coletiva, instituindo uma procuradoria permanente em suprema entrância celestial.

O conceito de santificação, mesmo canônica, tomou aspecto mais limitado e regular em fins do século X, com o Papa João XV (986-996). Antes competia aos Bispos a proclamação dos nomes venerandos nas respectivas circunscrições diocesanas. *Chaque Église honorait ses Saints*, informa o Padre Ortolan. O Povo era o grande promotor dessas canonizações. *Vox populi, vox Dei*. Os pontífices Alexandre III (1170) e Inocêncio III (1200) reivindicaram para o Soberano Pontífice o direito exclusivo do processo. Mesmo assim, São João da Mata e São Félix de Valoir tiveram culto público durante quatrocentos anos sem documento autorizador no plano ortodoxo. A base realmente reguladora deve-se ao Papa Bento XIV (1740-1758) com o seu *De Beatificatione Servorum Dei et Canonizatione Beatorum* (Bologna, 1734). Quando era o Cardeal Prospero Lambertini, Bento XIV fora sete anos advogado consistorial e vinte anos Promotor da Fé nos processos de canonização. A Santa Sé tentara evitar essa consagração popular antes do pronunciamento canônico. O Padre Jean de Launoy (1603-1678) foi cognominado *Denicheur de Saint* pelo número dos "santificados" em que ele provara ausência de merecimento e mesmo de existência.

Mas o Povo, desconhecendo desdenhosamente o Código Canônico, segue funcionando como se vivesse no século X. *Prêcher pour son Saint*.

O exemplo brasileiro, contemporâneo, é expressivo dessa insubmissão devocional.

DORMIR NA IGREJA

*N*ão permita que o sono lhe domine durante uma solenidade religiosa. Esse sono não está ainda capitulado entre os pecados mas incluído no meio das *Faltas*, que são os erros, os semicrimes da omissão.

Deve existir um diabinho especialmente encarregado de provocar essa inoportuna sonolência. Sei que, às vezes, esse inesperado torpor é legítima defesa orgânica ante certas eloquências intermináveis. Mas adormecer enquanto vive um ato litúrgico é desatenção ao sagrado motivo.

No budismo japonês há um demônio que distrai os fiéis ao correr do serviço religioso. Chama-se *Binaíakia*. Um dos primeiros cuidados nos templos búdicos, antes das orações coletivas, é afugentar-se *Binaíakia* com fórmulas exorcistas específicas. Sabe-se que esse demônio habita ao pé do Monte Shoumi, no Souméran.

Nos candomblés é indispensável uma oblação ao orixá *Exu* antes de começar a função no *terreiro* para que o trêfego duende não perturbe os trabalhos. Mas *Exu* não adormece a ninguém. Bem ao contrário...

Na Bretanha vive igualmente um diabinho familiar com essa singular missão do sono imprevisto. Os bretões o denominam *Ar C'Houskezik*, provindo do verbo *Houska* que significa dormir. Seu nome francês é o *Diable Assoupissant*.

Nas igrejas católicas o mesmo ente soporífero ameaça a integridade da atenção devocional. Quem não deparou com uma vítima desse demônio sonífero, dormitando placidamente enquanto o tribuno sacro desenvolve o ciclo flamejante?

As beatas veteranas explicam que a sonolência durante o exercício religioso é uma manifestação expressa e legítima da tentação diabólica. Ninguém adormece por vontade manifesta ante o altar iluminado e na hora da reverência. Rápida vitória satânica sobre os crentes desacompanhados da sentinela volitiva.

Sendo o momento dedicado à divindade, o sono é uma evasão ao dever, uma fuga indisciplinar injustificável. Nenhum conferencista, teatrólogo, professor, perdoa essa forma intempestiva de ausência com a presença física inoperante. Suetônio conta que Nero expulsou Vespasiano do séquito porque o grande soldado adormecera durante o canto imperial! Sacrilégio...

Jesus Cristo estranha ao apóstolo Pedro o sono em Getsêmani. Vigiai, é a palavra digna do homem. Vigilância, determinando a *Vigília*, guarda da véspera festiva. O sono não é ortodoxo.

O diabrete que afasta a vigilância deve ser poderoso.

Todos os oficiais de Marinha têm um caso a contar no *Quarto da Madorna*, modorra, a luta para estar imóvel e desperto na lenta madrugada. É exatamente esse *Quarto*, na escala do serviço naval, a hora das visagens, assombrações e pavores nos velhos navios ou arsenais e quartéis antigos. O saudoso Gastão Penalva (Comte. Sebastião de Souza, 1887-1944) contava-me dezenas de episódios ocorridos durante essas horas da batalha contra o sono. *Quarto d'Alva, Quarto da Madorna*. Disse-me que ia escrever uma relação, reunindo o documentário tradicional na Armada. Infelizmente não o fez.

As orações prolongadas e maquinais são irresistíveis provocadoras de abstração e desinteresse, alheamento inconsciente, caminho para o domínio envolvente e macio de Hipnos. Essa sugestão hipnótica é visível nas associações educacionais religiosas, notadamente nos seminários, onde os professores reagem, por todos os meios permissíveis, contra o demônio sonolento das horas rituais.

Desaparecendo o centro de interesse no decorrer do cerimonial, recaindo na rotina monótona do habitual, o sono é um visitante irresistível no âmbito religioso.

Em Lisboa assistia quase sempre a missa dominical nos Jerônimos. Ficava ao pé de uma coluna onde há um peixe esculpido. Na saída, no rumo dos pastéis de Belém, assistia a um funcionário da Igreja despertar e ajudar a erguer-se um velho gordo e simpático, decente no seu capotão folgado, chapéu de feltro e luvas. Vendo-o passar o pórtico monumental, dizia-me o rapaz com um sorriso nos olhos gaiatos: – *Pois vem dormir prá Igreja, o gajo!* No outro domingo, lá estava o *gajo* a dormir, fronteiro aos túmulos de Vasco da Gama e Camões.

Não resistira ao *Diable Assoupissant*.

Nas missas do meio-dia na Candelária, no Rio de Janeiro, as minhas preferidas, encontrava um casal devoto, também tentado pelo demônio sonolento. Gente rica. A senhora lia e o marido dormia, sereno. Nos minutos precisos, um toque de cotovelo despertava-o, fazendo, imediatamente, ajoelhar-se, contrito. Às vezes, avisado para retirar-se, dobrava os joelhos, na sequência costumeira. O Duque de Windsor, nas suas *Memórias de um*

Rei, evoca uns soberanos da antiga Alemanha, nutridos e pacatos, que passeavam de carro. O Rei dormia e a rainha acordava-o para que saudasse os súditos. Mesmo que não houvesse vênia a retribuir, alertado, o Rei tirava, com os olhos fechados, seu chapéu saudador.

Não vamos falar desse diabinho do sono. Nosso Senhor Jesus Cristo também adormeceu em hora imprópria, num barco, sacudido pela tempestade que lhe obedeceu.

O "Padre-Nosso" da velha Cosma

Ainda hoje, vez por outra, quando aludo às coisas demasiado lentas, digo que lembram o *Padre-Nosso* da velha Cosma, de Dona Cosma.

Era uma estória contada por meu Pai, com aquela graça feiticeira que ele sabia emprestar às evocações da meninice sertaneja.

Andei, homem-feito, dando uma "batida" para saber quem havia sido Dona Cosma. Identifiquei tratar-se de dama de alta jerarquia, de sangue fidalgo e limpo, representante das famílias mais antigas da aristocracia rural no alto sertão norte-rio-grandense de outrora.

Era Dona Cosma Rodrigues Veras, filha de Silvestre Rodrigues Veras e Dona Eugênia de Barros. Casara com um sobrinho do Padre Miguelinho, o fuzilado na revolução de 1817, Joaquim Felício de Almeida Castro, e foram pais do bacharel Miguel Joaquim de Almeida Castro, deputado provincial e federal pelo Rio Grande do Norte na Constituinte da República, Presidente do Estado no regime republicano como presidira o Piauí no Império. Homem eminente, ríspido, culto, figura impressionante pela energia, altivez, coragem (*História da República no Rio Grande do Norte*, 190-206, com os discursos na Câmara dos Deputados ao final, Rio de Janeiro, 1965).

Não se trata dele e sim da senhora sua Mãe, dona Cosma, que meu Pai, que a conhecera, chamava-a, sertanejamente, a velha Cosma.

Uma vez meu avô paterno e a família foram hospedados por Dona Cosma. Já não recordo a fazenda mas situava-se no atual município de Augusto Severo, então Triunfo. Agasalho incomparável. Ceia farta. Agrados. Depois, diante do imenso oratório de jacarandá, Dona Cosma foi fazer as orações da noite, rodeada pelas crias de casa, servas, empregadas e escravos. Antes de 1888.

Benzeu-se e começou a rezar o *Padre-Nosso*, espetando olhares fiscais nos circunjacentes atentos, aparentes ou reais. Como matrona do velho bom tempo, devia advertir e manter a disciplina familiar. Ali, como em Roma, família era o conjunto de seres sob sua vigilância, manutenção e comando.

Aí vai Dona Cosma rezando o *Padre-Nosso*, contrito:

– Padre Nosso que estais... Fenelon? Fecha a boca, negro!

– No Céu. Santificado seja... Te aquieta, moleca!

– O vosso nome... Deixe de risada, herege!

– Venha a nós o vosso reino... Bote a língua pra dentro, Bastião!

– Seja feita a vossa... Que balançado é esse, Catarina?

– Vontade... Vicente? Você fechou o chiqueiro?

– Assim na terra... Vá arrotar na cozinha, negra!

– Como no Céu... Fechou bem fechado, Vicente?

– O Pão Nosso... Parece que a cabra está solta!

– De cada dia... Severino, tire a mão dos pés!

– Nos dai hoje... Deixe de abrimento de boca, Zefa!

– Perdoai as nossas dívidas... Acabe com essa coceira!

– Como nós perdoamos... Inácio? Bote esse gato pra fora!

– Os nossos devedores... Não disse que a cabra está solta?

– Não nos deixeis cair... Bote o gato logo, está surdo?

– Em tentação... Zeferina? O lugar de dormir é na rede!

– Mas livrai-nos, Senhor... Pare com esse roncado, Jeremia!

– Do mal... Solte os pés, negro sujo!

– Amém... Voceis não deixam a gente rezar direito!

Não creiam na comicidade dessa oração em que Maria e Marta se equilibravam no cuidado pela responsabilidade caseira. Era a intranquilidade perpétua para que tudo seguisse no ritmo macio e certo, imutável e doce, da Tradição.

Orações que não devem ser interrompidas

Ramón Menéndez Pidal (*El Romancero*, 124) estudando os romances de assuntos bíblicos conservados oralmente na África Setentrional, Tânger, Tetuán, Larache, Arzila, Alcázar, transcreve trecho de informação do Sr. Benoliel preciosa no assunto, revelando a existência de cantos que não deviam ser interrompidos, reminiscências positivas de antiquíssimas fórmulas rogatórias no mundo judaico. Escreve o Sr. Benoliel: – *Los romances de origen biblico son tan populares como los otros, y por una curiosa superstición, cuando se principian a cantar es obrigatorio acabarlos; las judias antiguas no bromean con estas cosas, y tiene gracia el tono y aire solemne que asumen cuando cantan estos romances.*

Reaparece esse elemento nos *Velórios* pernambucanos, no canto das chamadas *Excelências*, vivas de São Paulo ao Ceará. A origem provirá da região portuguesa do Entre-Douro-e-Minho e Beiras onde têm a mesma denominação e uso. *As Excelências* são cantos de intenção religiosa entoados diante do morto. Quarto, Sentinela, Guarda, Guardamente. Getúlio César (*Crendices do Nordeste*, 142) regista: – *Uma particularidade interessante:* – *Retirando-se o cadáver para o enterro no momento em que estão cantando uma* Excelença, *as cantadeiras acompanham o cortejo até terminá-lo, porque, dizem, quando se principia a cantar uma* Excelença *Nossa Senhora se ajoelha para só se levantar quando terminam, e não sendo terminada ela ficará de joelho e o espírito, devido a esse desrespeito, não ganharia a salvação.*

A solução de continuidade na súplica é quase um sacrilégio na imaginação popular. Assim como a cerimônia religiosa não pode interromper-se sem perder sua majestade litúrgica e sua validade intencional, da mesma forma a prece deverá seguir inteira e serena, do princípio ao fim, para que alcance o deferimento almejado. Oração *quebrada* não tem efeito.

A lição milenar ensina o preceito da continuidade no rito. Nenhuma cerimônia de iniciação podia suspender-se sem repetição desde o início.

Nada, dedicado aos deuses, permite-se ser consertado, corrigido, substituído em fração. Tudo novo, puro, virgem, na legitimidade oblacional. Não se emenda o metal votivo. Todo cerimonial participa dessa exigência específica em serviço divino.

Duas orações tão queridas em sua veneranda antiguidade, o *Credo* e a *Salve-Rainha*, jamais podem ser recitadas fragmentadamente. Recomeçadas quando houver engano, é a obrigação. Em Portugal, Beira, a "Oração do Anjo Custódio" não se começa sem ir ao final, sob pena de inutilidade. Idem, Rosário de Santa Rita.

Há exceção. Ficam ambas detidas em determinado vocábulo para efeitos de consulta ou defesa mágica. *Nos mostrai*, na *Salve-Rainha; jaz morto, sepultado*, no *Credo*.

Fora dessa licença, pecado grave na teologia popular a divisão condenada.

Para alguns teólogos a simples repetição, quando de início errado, não é aconselhada. J.-K. Huysmans ouviu do prior beneditino a proibição: – *Je vous défends absolument, à l'avenir, de jamais recommencer une priére; elle est mal dite, tant pis, passez, ne la répétez pas* (*En Route*, VIII).

O modelo tradicional no Brasil da oração ininterrupta é o *Rosário Abreviado* ou *Rosário da Conceição*. É rezado em voz alta, tanto mais rápido melhor. Não pode ser lido e sim decorado. Enganando-se na recitação, volta-se ao princípio e conta-se uma negativa sagrada. Deve-se insistir três vezes e a maioria das decisões anuncia a sentença intercessora.

É recurso de desespero, apelo de angústia, uma quase violência à Mãe de Deus.

Reza-se como a um rosário, três terços. No Padre-Nosso diz-se: – *Ó Virgem da Conceição, Senhora Concebida sem pecado, Mãe de Deus, Rainha da Vida, Senhora dai-me a mão que minh'alma caída está; meu corpo estremecido sem a vossa consolação; vós aflita e ofendida fostes, Virgem ao pé da Cruz e aflita e ofendida chamo por vós, Mãe de Jesus, ó Virgem da Conceição, vós não fostes aquela que dissestes pela vossa sagrada boca, que quem por vós chamasse cento e cinquenta vezes por dia havia de ser válida? Pois é chegada a ocasião em toda tribulação. Valei-me ó Virgem da Conceição!*

Nas Ave-Marias repete-se: – *Mãe de Deus!*

O preceito é dizer-se o *Rosário Abreviado* unicamente uma vez num dia. Abster-se da reincidência por ser uma oração demasiado *forte*.

Sendo oração de culto oral não pertence à classe das ocultas, guardadas em saquinhos ao pescoço.

Quando o *Rosário da Conceição* é para as *pessoas de fé*, as *Forças do Credo* figuram no arsenal da feitiçaria vulgar e das devoções confusas. Também deve ser dito *encarreado*, sem falha e gaguejo.

Salvo eu saio e salvo eu entro. Salve o senhor São João Batista, lá no Rio Jordão. Na Barca de Noé entrei, e com a chave do Sacrário eu me tranquei. Com os Doze Apóstolos e Jesus me encomendo. Com a força do Credo que eu me benzo. Amém Jesus!

DEUS EM 1960

*P*or que 1960 foi o ano da pesquisa religiosa entre os jovens em Natal. Ensinava em duas Faculdades. Meus filhos eram bacharéis em Direito. Conhecia, além dos alunos, meio cento de rapazes atraídos pela música, pintura, poesia, onde Fernando Luís vivera até fixar-se no Recife. Por intermédio de Ana Maria privara com as suas colegas do Colégio da Conceição, companheiras no curso propedêutico. Nossa casa ressoava de vozes adolescentes. A convivência jovial oferecia perspectivas indefinidas para um inquérito discreto, verbal, direto, sem impor questionários inatendíveis mas obtendo respostas espontâneas desde que não supusessem a premeditação indagadora. Aproveitaria horas inesperadas em dias soltos sem que pressentissem o intuito do inquérito. A curiosidade sexagenária não destinava os resultados à publicidade, perfeitamente inútil. Creio ter ouvido uns 60 inquietos e umas 30 inocentes. Notara o desaparecimento gradual de associações católicas constituídas por gente nova. Não ia iludir-me com a movimentação efêmera da "Páscoa de Estudantes", flama alta em palha seca. Que Espírito habitaria essas mentalidades, de 17 a 24 anos? As perguntinhas capciosas e rápidas duraram de março a junho. Muitas semanas depois meditei lendo minhas notas, quase estenográficas, olhando aqueles *slides* e *shows* de surpreendente legitimidade. Presidia o Brasil Juscelino Kubitschek. Era da *Novacap*. Onze anos se passaram. A maior percentagem feminina governa casa, marido e filhos. Os rapazes exercem profissões definidas. Vejam nas revistas velhas os modos do gosto e os nomes da Moda passada. Todos eram católicos de estatística. Em suspensão. A Fé não estava infusa mas difusa e confusa nas lembranças intermitentes. Nem um ou uma, "praticantes" convictos. As meninas "iam" à Missa dominical, olhando mais a assistência que o cerimonial. Maquinalismo. Terços automáticos. Os rapazes benzem-se, os mais decididos e desafiantes. Nenhuma persignação, gesto de mulher. Orações instintivas, *Padre-Nosso* e *Ave-Maria*. Raras *Salve-Rainhas*. Jamais o *Credo*.

As respostas femininas eram edificantes. Todas rezavam à noite, liam orações e nem por pensamento pecavam. O exercício religioso na intimidade das almas evaporara-se. As raízes da Fé não tinham secado mas murchado. Muito pouca circulação de seiva renovadora. A frequência ao culto era obrigação social, obediência ao liame grupal, notadamente do Sexo Forte, enganado pela serpente. Deus perdoa sempre porque, dizia Heine, é sua profissão. A Intenção justifica e santifica todos os atos humanos. *La simplicité d'intention est le principe et l'achèvement de toute vertu*, na exegese de Ruysbroeck. Jamais ouvi citação de escritor católico. Nem problema religioso, onda sonora não captada naqueles rádios abertos à musicalidade da Vida. Havia uma Fé *guardada* sem uso, possivelmente evaporável. Todos se afirmavam católicos e diziam os Protestantes com uma conduta mais limpa e fiel. Não tinham curiosidade pelos assuntos da cultura religiosa ou soluções católicas. O Papa João XXIII era imagem piedosa, manso de coração, quase inatual. Parecia "uma mãe de família". Pio XII, mais viril, comandador, não ficaria na meditação suficiente. Não previam o apocalíptico II Concílio do Vaticano, com a síntese salvadora da Arca de Noé. Nenhuma orientação para o quotidiano. Influência intelectual. Admiração. A pregação aos domingos não dava informação contemporânea. *Lero-lero*. Nenhuma irreverência, acidez, repulsa. Apenas incuriosidade, distância, paralela à motivação apologética. A Congregação Mariana de Moços (*A fita azul salvará o Brasil!*) perdera contato com aquela geração veloz. Não disseram anedota contra padres e também nenhum louvor. Afirmavam faltar-lhes coincidência moderna na divulgação dos assuntos. Os rapazes amadurecendo repetiam, sem saber, Charles Péguy: – *La foi c'est dans les Lalques qu'elle se trouve encore!* Ignoravam os sacerdotes escritores e a batalha de Alceu Amoroso Lima pela penetração geográfica da Fé. Não tínhamos em Natal uma inteligência dedicada a nova catequese dos potiguares recentes, errantes e descuidados na grande maloca, já Universidade. Santos prediletos? O Padre João Maria, canonizado pelo Povo, nas vésperas de exames "apertados". Nada sabiam da Padroeira. Santa Teresinha do Menino Jesus tivera popularidade alucinante, com Matriz e Congregação linda, mas um espírito de porco espalhara o boato que as "teresinhas" não casavam. Foi a conta! O andorzinho ficou imóvel. As "Trezenas" de Santo Antônio emudeceram. As festas tradicionais fixam a multidão devota nos divertimentos exteriores. As grandes procissões não descem à Ribeira. Limitam-se a um círculo na Cidade Alta. Agora cada qual escolhe livremente a sua penitência. E mesmo a duração do arrependimento. Fátima possui paróquia mas não devoção. O Desembargador Luís Tavares de Lyra (1880-1962) planejou instalar na Igreja de Santo Antônio um grupo de *Luíses*, sob a proteção de São Luís, Rei de França. Apresentaram-se Luís da Cunha Melo e eu. *Tre faciunt capitulum*. Eram quatro mosqueteiros, com Luís Lyra. Natal contaria mais de uma centena de xarás. São Luís de França, padroeiro do Duque de Caxias, está aguardando seus fiéis ausentes. Os Mortos sabem esperar. O período 1942-1950 fora de ativa infiltração comunista na mocidade. Muito pouca leitura, exceto folheto de exaltação. A técnica era a conversa, explicação, notícia. A Fé entra pelo ouvido! Fase da conquista balcânica e sucessão alemã. Não houve campanha antirreligiosa. Os missionários capuchinhos pregavam contra os Protestantes. O perigo era Lutero e não Marx-Lênin. O auditório letrado e jovem dos semeadores "libertários" era constituído justamente por esses elementos perguntados por mim, e alguns cantando Sinhô e Noel Rosa, com o violão sonoroso e ganzá ritmador. O "esfriamento" não fora provocado pelas vozes agnósticas de professores "científicos" ou sedução catalítica de autores contagiantes. Era uma indiferença preguiçosa, atingindo ponto de saturação no nível do desinteresse, fruto dos abandonos negligentes de cem anos de comodismo indolente, de latim dispensável e linguagem sibilina artificial e declamatória das "*Pastorais*", que o clero lera, e sermões fastidiosos e soporíferos. Descuido dos pastores tentados por outra gadaria, permitindo ao rebanho a dispersão desertadora e natural. Agora ovelhas, carneiros e bodes comiam nas pastagens preferenciais. O II Concílio do Vaticano reenviara os pegureiros, sem cajado e campainha, avivar os perdidos roteiros para o despovoado redil. Deus Existe! Apenas não têm necessidade dele. Vive, inlocalizável e errante como El-Rei D. Sebastião depois de Alcácer-Quibir. O século XIX propagara a unidade moral do Trono e do altar, responsabilizando a Igreja pela aliança básica com a economia capitalista, culpada pelo solidarismo espoliador. O século XX expõe a inutilidade de Deus na organização mecanicista do Universo. O anacronismo do Sobrenatural na concatenação sistemática da conceituação biológica. Injustiça, violência, ferocidade, coletiva ou individual, autorizadas pela Onipotência, taciturna e concordante. Uma Literatura e Arte expositivas de vício, pecado e miséria, determinando a normalidade teratológica, o clima da intoxicação indispensável, a fatalidade neurótica do comportamento humano, ambientam a paisagem diária para a respiração juvenil. A velocidade da existência nas exigências financeiras afasta a assistência doméstica na formação temperamental dos filhos. O século XIX desviara o Proletariado. O século XX a Juventude. Estava verificando a conclusão numa cidade tranquila, sem ventanias doutrinárias e turbulências abortivas, vendo a situação melancólica dos altares desertos nos espíritos estudantis. Não deparara prevenção, rancor, desdém. A festa organiza-se, no interior da idade radiosa. Luz, alegria, esperança! Apenas a porta está cerrada e silenciosa. A mão invisível não a percute. Não se ouve ainda o *Ego Sto ad Ostium et Pulso*! Estou à porta e bato! Quem baterá? Quem será o noivo para essas gerações, insones, ansiosas de Amor? Assim era o que ouvi em meados de 1960...

O MORTO É JUÍZ

O Morto continua vivo no seu túmulo. Recebe as homenagens dos descendentes, obrigados a essa apresentação ao ancestral, imóvel mas consciente. A sepultura é apenas uma outra residência, cela do dormitório, onde aguardará o despertar no Dia de Juízo. A tradição é portuguesa, reunindo as heranças milenárias da Europa e Ásia. Indígenas e africanos negros acreditavam na imortalidade da alma mas não em sua intervenção no quotidiano social. O português é que trouxe a vivência do Morto para o Brasil. Noutras dimensões já recordei o "culto do Morto": (*Anúbis e Outros Ensaios*, na primeira parte deste volume). Em Portugal a imagem é positiva. O Governador de Coimbra, Martim de Freitas, em 1248, vai à Catedral de Toledo depositar as chaves da cidade nas mãos defuntas do seu Rei, D. Sancho II, o Capelo. Em 1357, o Rei D. Pedro coroa o cadáver de Inês de Castro. Entre o Povo permanece o dever de pedir perdão ao Morto pelas culpas cometidas contra ele quando vivera. Ao redor do jazigo faziam refeições votivas, vindas do *Táphon dainynai* grego, do Silicernum romano, cantos e bailados. Na Itália do século XIII, o assassino tomando uma sopa sobre o túmulo da vítima evitava a vingança da família enlutada. O Morto julga, comunicando-se em sonho ou por algum sinal exterior visível. Refiro-me unicamente ao cadáver e não ao espectro. Um conto popular pelos sertões e cidades do Nordeste, contado pela Sra. Clotildes Caridade Gomes, que o ouviu no município do Ceará-Mirim, Rio Grande do Norte, é documentário total, com o registo de suas variantes.

Uma moça muito séria e caridosa estava noiva de um rapaz e este preparava o casamento. Uma mulher vizinha, por espírito de inveja, levantou um falso à noiva, dizendo-a desonesta. O rapaz acreditou e desmanchou o noivado. A moça teve tanto desgosto que adoeceu e morreu. O rapaz mudou-se para outras terras. A mulher que inventara a calúnia começou a ficar agoniada e a ter sonhos tão horríveis, que temia deitar-se para dormir. Indo de mal a pior foi confessar-se a um frade muito santo e este disse que ela pedisse perdão à morta, indo rezar no seu túmulo na igreja.

A mulher lá se foi, de noite, e às tantas apareceu a moça, toda vestida de branco, com três rapazes junto dela. A mulher pediu perdão, mas a moça disse: – "Por sua causa eu morri, e não casei e o meu noivo foi-se embora. Eu seria mãe destes três moços aqui: um havia de ser soldado, outro, padre, e o mais moço, doutor, e fariam muito benefício ao Mundo. Por sua causa, por causa da sua língua, nada disto sucederá. Não perdoo não!". Avançou para a mulher e arrancou-lhe a língua. A mulher caiu para trás e a moça desvaneceu-se com os três filhos. De manhã acharam a penitente morta, com a língua arrancada e toda preta.

Noutra variante, o fantasma não arranca a língua da caluniadora, mas esta morre consumida por um jato de fogo.

Veio de Portugal, Francisco Xavier d'Athaide Oliveira, *Contos Tradicionais do Algarve* (1º, Tavira, 1900), recolheu o motivo português. O intrigante é um rapaz que, obrigado pelos remorsos, vai pedir perdão à morta na igreja, três vezes. Na terceira vez, abriram-se repentinamente as portas do templo e uma língua de fogo matou o criminoso. "É que a difamação é um pecado que Deus não perdoa." O Professor Aurélio M. Espinosa, da Universidade de Stanford, na Califórnia, divulga uma versão de Ciudad Real (*Cuentos Populares Españoles*, 1º, Madrid, 1946, comentários no vol. 2º, Madrid, 1947), bem diversa da brasileira e portuguesa, desconhecidas para ele. "Uma viúva conseguiu, à custa de orações, que Deus lhe permitisse a presença do espectro do marido em casa e podendo falar. Voltava a mulher do trabalho e divertia-se conversando animadamente com a sombra marital. O tempo passou e ela terminou enfadando-se com aquela alma do outro mundo, deliberante e próximo. Aceitou a sugestão de um mau vigário e começou a confessar façanhas que não praticara, para escandalizar e afugentar o fantasma. Quando o marido perguntava o que andara fazendo, respondia: – *De matar y robar pa mantener a tus hijos.* E o morto contestava: – *Todo loperdona Dios!* Uma vez a viúva declarou que tinha levantado *falsos testimonios a soltera y casás!* O defunto falou: – *Quédate con Dios, mujer! Todo lo perdona Dios, menos eso!* E desapareceu para sempre." Numa variante das Astúrias, de Cabal, citada pelo Professor Espinosa, a mentirosa é uma moça que, por penitência, reza em três igrejas de Roma. Na terceira noite aparece-lhe a morta e leva a jovem até a pia e manda que derrame a água. Obedece. Depois manda que junte novamente o líquido espalhado. A jovem diz ser impossível. *De la misma manera es imposible recoger la honra cuando la derraman las malas lenguas*, explica a defunta. *Pero antes de desaparecer, la muerta le saca a la calumniadora la lengua.*

A versão brasileira é mais simbólica e sugestiva pela presença dos futuros filhos, mortos antes de nascer pela língua da maldade imperdoável. Nas cinco versões que conheço, a brasileira, a portuguesa do Algarve, três espanholas (uma de Ciudad Real e duas asturianas), a criminosa é castigada pela morte.

Preliminarmente, o fantasma arranca a língua maldizente, origem de todas as desgraças imprevisíveis. A oração e súplica sobre a sepultura da morta injustiçada são elementos comuns e bem constantes nas estórias tradicionais do Oriente. A crença do Morto Vingador, esperando no túmulo o momento da vindita implacável, conselho do frade ou religioso, de pedir perdão ao defunto na própria sepultura, não é ortodoxia cristã, mas uma herança teimosa, oriental.

Nenhum pecado, no plano social, revolta mais o oriental do que a murmuração insidiosa, a mentira interessada na perdição alheia.

No Oriente, o Rei Davi e o Rei Salomão têm verdadeiros ciclos temáticos ao sabor da psicologia ambiental. O episódio do Rei Davi com Urias, o heteu, sacrificado pelo seu soberano, que lhe desejava a esposa Betsabá, é diversamente evocado na literatura oral árabe. Nada recordará o relato do segundo livro de Samuel, XII. Neste, Iavé pune Davi, matando-lhe o filho, mas o rei continua com a mulher do morto, que lhe dá o sapiente Salomão.

Ester Panetta (*Forme e Soggetti Della Letteratura Popolare Libica*, Instituto per gli Studi di Politica Internazionale, 31-32, Milano, 1943) regista a tradição oral, que o profeta Samuel ignoraria.

Atormentado pelos remorsos, Davi recebeu de Deus a ordem de dormir sobre a sepultura de Urias, aguardando a sentença do defunto, que sucumbira pelo crime de ter uma mulher bonita e ambicionada pelo seu Rei. Escreve Ester Panetta: – *Davide dormí per tre notti sulla tomba del suo ex capitano apostrofandole e ripetendo quando gli aveva suggerito Iddio stesso. La prima notte l'ucciso non lo degnó suppure di una risposta. La seconda notte rispose soltanto:* Houddito. *La terza notte Davide Aggiumse: – "te lo chiedo in nome di Dio, rispondi". E il morto: – "per il mio sangue ti ho perdonato, per mia moglie no!".*

Pela mentalidade popular árabe, o rei adúltero e criminoso só deverá ser julgado pela vítima e não pelo próprio Deus, que lhe sugere a fórmula humilhante e penitencial. Assim, nas estórias brasileira, portuguesa, espanhola, o réu é sentenciado pela morta e nenhum sacerdote ousa absolver ou condenar. O Morto é o Juiz!

SANTOS TRADICIONAIS NO BRASIL

Meu São Francisco das Chagas,
Meu Santo do Canindé!
Eu sei que Santo não voga
Naquilo que Deus não qué.

Durante meses em 1947 investiguei a popularidade de alguns Santos na fidelidade brasileira. Viajei e li boletins, arquivos, anuários. Muita conversa com gente velha de cidade, agreste e sertão. Não enfrentei as 3.110 paróquias de 1953 quanto mais as do presente. A notícia municipalista é de 1965, IBGE. Informações de Fé, vieram das vozes populares, às quais proclamo confiança plenária.

Falarei ao de leve do orago da paróquia e do seu denominador. O Santo pode estar no altar principal mas não ser padrinho da freguesia. Padroeiro da Sé mas não titular do Bispado. São Pedro é titular da Arquidiocese de Porto Alegre mas a da Catedral é Nossa Senhora Madre de Deus. O titular do Maranhão é São Luís, Rei de França, e da Sé, Nossa Senhora da Vitória. Do Recife e Olinda, Santo Antônio, e da Catedral, a Transfiguração de Nosso Senhor Jesus Cristo, pouco entendida pelo beatério. Às vezes é a mesma e única entidade: – Nossa Senhora das Neves na Paraíba, Nossa Senhora da Apresentação em Natal, ambas arquidioceses.

Preferência de Santos sobre Santas. Em 1.391 paróquias, 909 Santos paraninfam para 482 padroeiras. Exceto Nossa Senhora nas incontáveis invocações, os homens distinguem o Santo do seu sexo. Leonardo Mota (*Violeiros do Norte*, 1925) regista a resposta desaforada de um chefe político sertanejo, referindo-se ao desafeto: – "O padroeiro da terra dele é feme, mas o da minha é macho: – mija em pé e não de coca…".

Alinho a relação no ângulo da simpatia. À esquerda as paróquias e à direita municípios e distritos.

Nossa Senhora da Conceição… 288, denominando 22 paróquias, 37 unidades municipais.

Santo Antônio – 228.62, municípios e distritos
São José – 171.80, distritos e municípios
São Sebastião – 144.43
São João – 118.62
Senhora Sant'Ana – 113.36
São Pedro, Chaveiro do Céu – 58.29
São Miguel – 37.17
São Francisco Xavier, Paula, Assis, Chagas – 31.23
Santa Rita – 30.23
Santa Teresinha – 25.7
São Gonçalo – 21.12

Tomei base na vintena das paróquias. A Santa Cruz dá nome a 25 municípios e distritos mas não constitui orago, exceto em freguesia de São Sebastião do Rio de Janeiro. Há quem debata a Santa Cruz constituir paraninfado real, atendendo apenas a participação sacrificial do Redentor, como a coroa de espinhos, a cana-verde, os cravos.[1] São Domingos e Santa Bárbara batizam distritos e municípios em número de 12, para cada um. São Vicente atinge os 15.

São esses os nomes preferenciais da devoção brasileira. A presença do orago nem sempre coincide com a maioria devocional. Há respeitosa vênia mas não aparecem promessas. A Padroeira de Natal, desde inícios do século XVII, Nossa Senhora da Apresentação, não tem o culto assíduo e público do Padre João Maria, falecido em 1905, e que ainda não mereceu altar. Os natalenses canonizaram-no para todos os efeitos. É a mais popular das devoções na sua comovedora presença em todas as horas.

---

[1]   O Cruzeiro valia o santo guardião na praça da Matriz, abrigando Almas, espavorindo Demônios. Sentinela da Casa de Deus, recebia promessas de terços, rosários, flores. O século XVI, divulgação do culto às Almas, foi o da multiplicação dos Cruzeiros, alguns monumentais e artísticos. Em Lucca, regista Montaigne em 1581, aos exilados permitiam regresso de oito dias para que assistissem à festa da Santa Cruz. Notável em Itaquaquecetuba, São Paulo: ver *Dicionário do Folclore Brasileiro*, Itatiaia, 1984.
O Cruzeiro diante da Matriz em Natal (hoje Catedral) fora remodelado em 1896. Para o jardim e pavimentação da Praça André de Albuquerque, o Cruzeiro foi transportado em setembro de 1906 para o pátio da Igreja do Rosário, onde se encontra. O Vigário Moisés Ferreira do Nascimento fora obrigado a intervir, várias vezes, pessoalmente, acalmando os escrúpulos dos operários, vendo uma profanação na derrubada do pedestal de alvenaria. A transferência determinou cerimonial, bênção, discursos, banda de música, grande presença popular.

Nossa Senhora das Neves em João Pessoa, padroeira, não é a intercessora preferida. Há os Santos terapeutas, como em todas as populações católicas do Mundo, atendendo as consultas por intermédio de orações, pagos os honorários em promessas. São Brás para garganta. São Bento contra ofídeos. Santa Apolônia, odontologia. Santa Luzia, oftalmóloga. São Lázaro, úlceras, dermatoses, feridas-brabas. São Sebastião, moléstias contagiantes. São Judas Tadeu, enfermidades graves. São Vito, convulsões. São Roque, tumores. Nossa Senhora da Expectação, do Ó, Boa Hora, Bom Despacho, Livramento, Bom Sucesso, Bom Parto, Boa Esperança, para a gravidez normal e parto feliz com recursos complementares a São José, Sant'Ana, São Raimundo Nonato (*nonnatus*, porque nasceu com cesariana). São Geraldo Magela, Santo Aluísio, evitam filhos pondo seu nome na criança. Para tornar-se mãe, Nossa Senhora da Piedade, das Dores, da Soledade, Madre--Deus, Santa Isabel. Sant'Ana dará leite. São Luís facilitará a linguagem. Santo Expedito fará andar. Santa Biliana cuidará das urinas. O Anjo da Guarda vigiará os passos de dia e o sono de noite. São José protegerá o lar. O Espírito Santo, a memória. São Cristóvão os negócios. Os "Bem-casados" (São Lúcio e Santa Bona) garantem o amor conjugal. A jaculatória "Jesus, Maria, José minh'alma vossa é!" assistirá a agonia. São Miguel acompanhará o Espírito. Nossa Senhora do Carmo defenderá no Julgamento.

São Miguel é inseparável do culto das Almas, "São Miguel e Almas", como há paróquia em Santos Dumont, Minas Gerais. Santíssimo Sacramento e o Divino Espírito Santo são devoções delicadas, exigentes, cerimoniosas, populares e não vulgares. Apesar dos cortejos e trono da Festa do Divino, onde aparece Imperador coroado ou a Coroa Imperial é exibida em lenta procissão. O Sagrado Coração de Jesus e de Maria não são de emprego confiado na parte masculina. Preferências de mulheres e de área urbana e suburbana e não corrente no mundo agropastoril. Os Santos letrados, São Tomás, Santo Inácio, São Paulo, Santa Teresa de Jesus, São Francisco de Sales, não alcançam o poviléu reverente.

Divinópolis, em Minas Gerais, tem o Divino Espírito Santo padroeiro. Merece o duplo tratamento de "Divino" e de "Santo". No Divinópolis de Goiás, orgulha-se possuindo o orago resplandecente e único no Brasil: − o Padre Eterno! permitindo muito pouca aproximação pecadora. Voltaire dizia-o esquecido na universal gratidão, e ergueu-lhe igreja em Ferney, *Deo erexit Voltaire*, gravado na fachada.

Os Santos tradicionais na memória viva são os de Junho (Santo Antônio, São João, São Pedro) e mais São José e São Sebastião. Jesus Cristo é *Nosso Senhor* e *Meu Deus*. O Divino continua "Deus desconhecido" pela imprecisão dos atributos funcionais. A feitura de pomba não lhe imprime a devida majestade, quando todos os demais assumem formas humanas. Em Portugal, o Divino Espírito Santo já se apresenta como em Zebreira, Beira Baixa, ancião, venerando, coroado, em poltrona de espaldar, recebendo as vênias e dádivas. A devoção mais profunda, instintiva e natural, é Nossa Senhora da Conceição, com sua infindável sinonímia que o Povo julga constituir outras tantas Santas distintas. As representações plásticas ajudam a manter a confusão entre os humildes fiéis nos países católicos. É a mesma observação feita na França, Itália, Espanha, Portugal, permitindo supor que toda a vida religiosa no Povo esteja limitada à contemplação do cerimonial litúrgico. Nas cidades a conclusão não será dessemelhante.

O culto dos Santos é o único interesse psicológico da multidão e a "alta sociedade" já não tem densidade espiritual para impeli-la ao sentimento divino. Indiferentismo que o desinteresse fundamenta pelo atrito diário, ou, nos intelectuais, uma curiosidade cerebral pela química da Fé ou anatomia das crenças. Homens e mulheres, nem mesmo pelo interior do Brasil, têm a visão litúrgica para reforço da Fé, porque vivem distantes das igrejas e da assistência sacerdotal, raramente prestante pela diminuição dos ministros em serviço dos Sacramentos. A necessidade econômica fixa esse Povo em regiões afastadas dos centros urbanos. Vezes, em larga extensão, não se avista uma Capela!

Nesse ermo ardem as fogueirinhas de São João e sobem foguetes a São Pedro, Chaveiro do Céu, garantindo a entrada. Rezam a São Sebastião, defensor da Peste, Nossa Senhora da Conceição, arredando as dificuldades. Não podendo prever as modificações acolhedoras do II Concílio Vaticano, o clero moveu guerra de morte às devoções festivas mesmo nos adros das igrejas. Assim, a dança de São Gonçalo foi combatida como sacrilégio pelo Nordeste, apenas resiste no Sul. Duas fileiras devotas saudavam São Gonçalo cantando versos fervorosos, desfilando em marcha divergente, sob a direção de violeiros. Cantam no Sul ante a efígie, engalanada num telheiro rústico. É, como Sant'Antônio, Santo casamenteiro. Nesse plano, obtive na minha pensão de estudante no Recife de 1925 uma "Oração para casar", em versos, que Pereira da Costa divulgou variante em 1908.

> Milagroso São Raimundo
> Que casais a todo o mundo,
> Vá dizer a Santo Antero
> Que também casar eu quero.
> Poder de São Expedito
> Com um noivo bem bonito.

Permita Santo Odorico
Que ele seja muito rico.
E também Santo Agostinho
Que tenha muito carinho.
Assim como a São Roberto
Que o noivo seja esperto.

Com o poder de Santa Rosa
Quero ter nome de esposa.
Na força de Santa Inês
Chegue logo minha vez.
E com o senhor São João
Que me tenha adoração.

Também peço a São Vicente
Que isto seja brevemente.
Ao Anjo São Gabriel
Que me seja bem fiel.
Assim como a São Germano
Que não passe deste ano!

Jamais foram "orações" e sim composição urbana e literária, com sua voga humorística desaparecida pela mudança das atenções psicológicas, como ocorria a uma "Ladainha das Moças", que Pereira da Costa salvou do esquecimento.

São Bartolomeu casar-me quer eu.
São Ludovico, com um moço muito rico.
São Nicolau, que ele não seja mau.
São Benedito, que seja bonito.
São Vicente, que não seja impertinente.
São Sebastião, que me leve à função.
Santa Felicidade, que me faça a vontade.
São Benjamin, que tenha paixão por mim.
Santo André, que não tomé rapé.
São Silvino, que tenha muito tino.
São Gabriel, que me seja fiel.
Santo Aniceto, que ande bem quieto.
São Miguel, que perdure a lua de mel.

São Bento, que não seja ciumento.
Santa Margarida, que me traga bem-vestida.
Santa Trindade, que me dê felicidade.

Pelas praias, agreste, sertão, zona das matas, vales úmidos, essas produções seriam impossíveis num ângulo desinteressado de sátira. Nessas regiões o assunto é tratado a *lo divino*, a sério, suplicando marido, lar, filhos, legitimidade funcional feminina. A técnica aliciante é decisiva e urgente, alheia aos recursos da excitação citadina. A mulher é a mesma no poderoso instinto de conquista e fixação sexual. Toda mulher é Eva, pregava o Padre Antônio Vieira.

Nalguns sertões, Maranhão, Piauí, Mato Grosso, casavam publicamente ante a fogueira de São João, estabelecendo subsequente vida doméstica, portas adentro, respeitada e normal, até o aparecimento de um padre para "sacramentar" a união de fato. Queixam-se de tudo menos de carência da Fé. Possuem nas lembranças imediatas a presença suficiente e radiosa dos divinos recursos protetores e leais. Nosso Senhor, Nossa Senhora, o Crucificado, a corte dos Santos e Santas tradicionais, ajudam a manter essa autarquia religiosa, obstinada e sensível, na solidão do "desertão" nacional. Das representações de Cristo a de maior confiança, destino das súplicas desesperadas ou de imperioso interesse, é o Crucificado, o Cristo ferido e sangrento, morrendo na cruz. É o Bom Jesus! Centraliza as grandes romarias fervorosas, Bonfim, Lapa, Pirapora, Bom Jesus das Dores, distribuindo graças quando recebia os derradeiros ultrajes. O Povo só se comove realmente ante duas expressões físicas do Messias. O Menino-Deus no presépio e o Bom Jesus no madeiro do Gólgota. A criança determina a floração de ternura no complexo protetor da paternidade. O Crucificado provoca uma piedade de revolta e protesto pela injustiça da violência e a brutalidade da Força onipotente. Vale muito mais com sua coroa de espinhos que o Cristo-Rei no seu diadema de ouro. É o Bom Jesus com o coração aberto pela lança legionária, ampliando o caminho às misericórdias do Entendimento.

Um erudito "desencantado", Charles Guingnebert, quando professor da História do Cristianismo na Sorbonne, perguntava sem responder *se La force de résistence des ignorants est-ce vraiment le dogme qui vit en eux?* Visto e examinado quanto vi e ouvi, documentário humano ao qual me reporto e dou fé, respondo à pergunta do Professor Guingnebert, com uma simples afirmativa: – *É!*

HORAS ABERTAS

As *horas abertas* são quatro: – meio-dia, meia-noite, às Trindades, ao anoitecer, e amanhecer, ao quebrar das barras. São as horas em que se morre, em que se piora, em que os feitiços agem fortemente, em que as pragas e as rogativas ganham expansões quase irresistíveis. Horas sem defesa, liberdade para as forças malévolas, os entes ignorados pelo nosso entendimento e dedicados ao trabalho da destruição.

As nove aberturas do corpo não são as verdadeiras *entradas* para esses inimigos constantes e misteriosos, e sim outros pontos diversos que instintivamente resguardamos: – os pulsos, o pavilhão auricular, o pescoço, entre os dedos, os jarretes, a fronte, as têmporas. Por isso é que as joias foram inventadas, ocultando no exterior ornamental a intenção secreta da custódia mágica. Colares, brincos, pulseiras, anéis, diademas, os enfeites para os cabelos, argolas para as pernas, tornozelos são guardas vigilantes, repelindo as sucessivas ondas assaltantes que tentam por essas regiões, onde a pele dizem ser mais fina, permitindo a penetração insidiosa.

As *horas abertas* correspondem a essas vias de acesso ao corpo humano. São horas diversas de pressão e desequilíbrio atmosférico, predispondo os estados mórbidos às modificações letais.

Em 1944, na residência de Batista Pereira, na Gávea, o Professor Anes Dias, da Faculdade de Medicina, perguntou-me quais eram, para o Povo, as chamadas *horas abertas*. Ouvindo a exposição, enumerou os elementos da meteorologia médica susceptíveis de haver motivado a tradição. Lembrei que certos remédios, notadamente os purgativos, fundamentais na antiga terapêutica, jamais seriam ingeridos fora de um horário rigoroso, evitando as *horas abertas*, ameaçadoras. Jaime Cortesão, presente, recordou a mesma crença em Portugal, possuindo os seres fabulosos que aparecem, invariavelmente, nessas horas famosas e sinistras.

Foram clássicos os vocábulos, em trezentos anos de uso, ligados à superstição, *aramá, eramá, ieramá, multieramá*, significando *em hora má*. Na ambivalência natural, meia-noite e meio-dia prestam-se às orações benéficas, poderosas, mesmo constituindo exceção. As súplicas e pragas nessas horas são apelos violentos, impondo a concessão divina.

Comum e popularmente, a *hora má* é a *hora aberta*.

RECADO AO MORTO

O Coronel José Bezerra de Andrade, da Polícia Militar do Rio Grande do Norte, contou-me que, residindo na cidade de Santa Cruz, assistira a um curioso episódio. Na sala pobre velavam o corpo da dona da casa, falecida durante a noite. Uma vizinha, de meia-idade, aproximou-se lentamente da defunta e dirigiu-lhe a palavra como se falasse com pessoa viva: – "A senhora faça o favor de dizer a dona Xiquinha, se se encontrar com ela, que eu me casei com o filho dela e vou passando muito bem. Diga mais que ela já deve ter sabido dessa notícia porque tenho mandado recado por muita gente!". A finada dona Xiquinha opusera-se ao casamento do filho. Morrera, e o matrimônio realizara-se logo a seguir.

Inesquecida da antipatia da mãe do marido, fiel à mágoa, enviava sempre que visitava mortos recados à sogra, informando-a da vitória. Impressionou ao Coronel José Bezerra a naturalidade do ato e a circunstância de todos os assistentes acharem normal e comum o recado da nora à sogra falecida, por intermédio de um cadáver.

George Peter Murdock (*Our Primitive Contemporaries*, 1934) informa que no Daomé "o Rei sacrifica um delinquente ou dois sempre que quer transmitir uma mensagem aos seus reais antepassados". Geoffrey Gorer (*Africa Dances*, 1935) é mais minucioso: – *Also whenever any event of importance occured the king would send news of it to his father by telling it to some by stander and immediately killing him*. Começara pela remessa do escravo, depois a *criminal* e, no último tempo, qualquer espectador, *by stander*, servia de mensageiro imóvel. Eça de Queiroz (*Correspondência de Fradique Mendes*, 1888) regista esse sinistro processo na Zambézia, onde o chefe Lubenga degolava os escravos portadores mentais de mensagens ao deus Mulungu.

Em Portugal, o poeta Antônio Nobre recordava a tradição (*Só*, "Antônio", 1891), Entre-Douro-e-Minho:

Morria o mais velho dos nossos criados,
Que pena! Que dó!
Pedi-lhe, tremendo, fizesse recados
À alminha da avó...

Na França, Georges d'Esparbés (*La Grogne*, 1907) faz suicidar-se o soldado Chinfreniou para levar ao General Corbineau, morto em Eylau, um recado do Imperador Napoleão.

No féretro das crianças punham, em Portugal, lenços, rendas, velas, agasalhos, destinados aos velhos parentes mortos. As crianças entregariam tudo, fielmente, às almas tristes que podem padecer escuridão e frio. E sobretudo sofrer a angústia do isolamento, a suspeita de que estejam esquecidos pela família. Identicamente na Espanha, França, Itália. Entre os indígenas Vitotos, noroeste do Amazonas, uma alma só vive enquanto a recordam.[1]

Quando os espanhóis e portugueses vieram para a América não encontraram esse costume entre os ameríndios. Não havia contato direto do devoto com a Divindade, e a figura intermediária do sacerdote ameraba era indispensável, e decorrentemente valorizada e preciosa. O espírito do guerreiro, morto em luta ou sucumbido pela ação maléfica de inimigos (ninguém falecia de morte natural), vivia em vagas regiões de caça e pesca abundantes, conforme os merecimentos de força e valentia. Podia fazer-se sentir e mesmo remeter mensagens misteriosas pelas vozes dos pássaros noturnos, inopinada aparição de certos animais ou especiais disposições eólias, ventos e aragens, rumor insólito na folhagem, feição original de objetos, sonhos avisadores. Mas, recado do vivo ao morto é que não havia por toda América anterior a 1492. Desaparecido o cadáver, terminavam as mensagens imediatas. Vivia o guerreiro na imaginação das lendas, caçando entre as estrelas, além das nuvens e dos vendavais. A fórmula quase universal do envio de ofertas úteis ao Espírito era reduzir os presentes a cinzas. Processo secundário porque o inicial compreendia objetos em espécie. Apenas animais e mulheres eram imolados, tomando a forma imponderável de fluidos, acompanhando as almas destinatárias.

No Recado ao Morto há uma simplicidade, uma naturalidade quase excluindo a distância sobrenatural, estabelecendo uma comunicação normal e afetuosa pela correspondência oral e comum. Sem o imperioso ceri-

---

[1] Em Angola punham no cadáver do escravo a carta de alforria, para que não chegasse ao Céu uma alma cativa: (Oscar Ribas, *Quilanduquilo,* Luanda, 1973).

monial propiciatório. A missiva humana da Zambézia e Daomé, a superstição em Portugal e na França, o exemplo no Nordeste do Brasil diferem das manifestações sobreterrenas e tudo quanto lemos entre os *médiuns* indígenas da América e os registos de Frobenius e Malinowski. Murdock fundamentou-se em longa bibliografia e Gorer ouviu o testemunho no próprio ambiente sudanês.

Em Roma depositavam no túmulo de posse perpétua, placas de chumbo com a disposição testamentária: – *Hoc monumentum haeredes non sequitur.* O finado apresentá-las-ia aos *Dii Inferi*, os deuses da Terra, da morte e do Destino, defendendo o sagrado direito. Não é o assombroso Recado ao Morto, por intermédio de um corpo inanimado.

PROFECIAS

*T*odo velho é profeta. Em Paris e Taperoá, Roma e Cabrobó, Lisboa e Parelhas, ouviremos a entonação agoureira, cansada e lenta na vida longa. Não há clima propício nas cidades para a persistência na visão condenadora. Os oráculos citadinos são Mestres Curadores. Adivinham métodos terapêuticos. Será uma recriação centrífuga, independendo da excitação exterior, no homem que profetiza, são "desajustados", ajustadíssimos na emoção pessoal, tendo uma lógica que não é a da assistência. A convivência moderna revela a perfeita ausência da concordância íntima entre os *felizes* da Cidade Grande. No momento confidencial, renegam os ídolos ofegantes e os cultos insaciáveis. O resto, em contrário, é publicidade.

Para o Povo, a profecia é uma força compensadora do complexo contemporâneo, a exigência econômica superior ao sentido da estabilidade normal. Economia de consumo esmagando a Economia de Participação, tornando a concorrência o ritmo fisiológico da circulação social. O anúncio de castigos e prêmios num ambiente de catástrofe supera o terror da testemunha, talvez colocada entre os salvos e fartos. Toda a literatura política, crítica e propaganda, é um pregão prometedor do ressarcimento das preterições sofridas. As profecias são mudas nas fases de construção revolucionária. Acreditam que estão sendo *cumpridas*. Prognósticos, previsões, presságios sobre a "mudança" da meteorologia tradicional, são plenos exercícios de profecias indispensáveis à Justiça "infalível". Todo messias é um pregoeiro da futura felicidade coletiva, sob sua égide. "Não há revolução sem promessas", dizia Lênin. A promessa é uma profecia, manejando a credulidade do Interesse, a fé inesgotável na palavra messiânica. O processo de adaptações rendosas nas velhas profecias aproveitáveis é o recurso à sua utilidade oportuna. Gonçalo Anes Bandarra, o sapateiro de Trancoso, mais lido que a Bíblia em duzentos anos, motor-primeiro do Sebastianismo dogma de Fé, faleceu (1545) nove anos antes d'El-Rei D. Sebastião nascer (1554). A inacabável bibliografia sebastianista em Portugal e no Brasil segue curso tão lógico quanto o enfermo desejar remédio. O Encoberto vestiria todos os trajes da acomodação psicológica, até identificar-se no oitavo Duque de Bragança, D. João IV e no infeliz Afonso VI. Arma mudando a empunhadura mas não a lâmina, daria o golpe feliz na Restauração.

D. Sebastião, voltando do país das sombras mouras, restabeleceria a paz e alegria com o seu Reino dos Milagres. Centralizou a redenção *caboca*, polarizando os ímpetos de sangue e morte, através de todos os movimentos de reação popular pelo Brasil vaqueiro e lavrador: (*Dicionário do Folclore Brasileiro*, "Sebastianistas"). Está vivo num touro negro com uma estrela luminosa na testa, pisando as areias da Praia dos Lençóis, entre Turiaçu e Cururupu, no Maranhão. Recentemente o sociólogo Carlos Alberto Azevedo encontrou, num cercado do Agreste pernambucano, uma ovelha coberta de fitas, sendo engordada para D. Sebastião. Gostaria de conhecer uma criatura humana que não estivesse esperando um D. Sebastião, almejado doador da Era Feliz.

D. Sebastião está sendo lentamente substituído pelas criações literárias dos poetas populares, derramando folhetos em sextilhas e colcheias de sete pés.

As profecias de Bandarra eram *Trovas*, versos de rima e metro, como os clássicos Oráculos da Grécia. Apadrinham as produções o espírito loquaz do Padre Cícero Batista (1844-1934) e do capuchinho italiano Frei Damião de Bozzano, missionário vivo e sobrevivente ao modelo imutável, com mercado nordestino e visitando tabuleiros e prateleiras no Centro e Sul do Brasil, pião no Rio de Janeiro e Brasília, já contaminada dessas *permanentes* unificadoras do nível plebeu. As demais profecias maginadas pela intuição literária não ganham profundidade e atenção na curiosidade grupal. Não deixam de ler ou ouvir ler, mas consideram *invenções*. Os autores, astutamente, exploram as *constantes* impressionistas do gênero: – fim do Mundo, calamidades trovejantes, prazo cronológico até o ano 2000, variando os *sinais do cataclismo*, Sol apagado, Lua negra, mar de sangue fervente, peste, fome, guerra de inquietação, e o comportamento desafiante dos três sexos, sem sossego e juízo. A insistência da produção denuncia a continuidade do consumo e a vivência da aceitação interessada em conhecer as transformações das fórmulas sedutoras na dispersão. E as modificações temáticas, arauteando o final dos Tempos do Homem.

* * *

Notável é o descaso, indiferença humana pela aproximação temerosa do Ano 2000. Há dez séculos passados a Humanidade não mudara mentalidade e conduta nas vésperas de Satanás libertar-se do abismo onde o precipitara o Anjo do Apocalipse: (XX, 1-3). Depois desses mil anos de prisão selada, *importa que seja solto por um pouco de tempo*, antes da derrota definitiva para o advento do Reino de Deus. Emile Roy (*L'An Mille*, Paris, 1885) evocou essa paisagem perdida no turbilhão das cinzas olvidadas. As profecias e "avisos" sobrenaturais tumultuaram a Europa mas o Episcopado recusou-se a aceitar a sentença. O Ano Mil passou mas o Milinarismo continuou, borbulhando do século XVI em diante e ainda no XIX os doutores ingleses e alemães assustavam com a decisão apavorante para o Ano Dois Mil. Os mórmons proclamaram a data como um dogma inapelável e tenebroso. Todas as profecias que os folhetos registam e o Povo vê são peremptórias: – Do Ano Dois Mil não passará a criatura vivente! A memória é a mesma dos anos 950-1000 mas o Entendimento mudou de quadrante, com a Lua pisada, o Sol medido, o Átomo libertado como Satanás das profundidades de todos os malefícios. Apenas as datas imutáveis resistem, numa fatalidade hereditária. Que haverá no século XXX?

D. Sebastião é o padrinho do Rio de Janeiro onde o Megalomártir combateu contra tamoios e franceses. É natural que o mistério do Avis fantástico vivesse na terra tropical dos papagaios e do pau-brasil, Rei de Esperança, coroado de promessas sem fim. A contemporaneidade sustém seu manto feiticeiro.

Desde quando tivemos profecias no Brasil? Seriam correntes e locais durante o domínio holandês, onde abundaram milagres e o levante de João Fernandes Vieira ocorreu no dia de Santo Antônio, padroeiro da luta e figurando nas bandeiras rebeldes. Coincide com a vida sonora do Padre Antônio Vieira, messiânico, sebastianista do Quinto Império, estudado *pro--magnifico* pelos professores Raymond Cantel e Hernani Cidade.

Os profetas de agora imprimem suas antecipações visuais e é fácil adquiri-las. Os de outrora desapareceram sem rastos na lembrança moderna e urbana.

Deduzimos da presença sensível pela anterior velocidade da predileção e que não se deteria em campo propício e acelerador da mobilidade. Encontro das minas, guerras de posse, o vice-Reinado, corsários da França, a pomba da Arca abatida pelas setas do guerreiro Sebastião, levando para a sua cidade a sede do Estado, o mundo diverso que o ouro criara, riqueza saldo da lama e de pedras roladas nas águas anônimas, rebentariam noutra vertente para escoamento e elevação na voz augural dos Nostradamos cabocos. A passagem dos séculos, ou dois zeros sinistros como dois olhos vazios, de cem em cem anos, sugeria admoestações e homilias nas dimensões do arrependimento e do medo julgadores. Penitência! Contrição! Pudor! Discurso aos surdos.

O modelo mais antigo que conheço é a *Profecia de Frei Vidal*, entre 1817 e 1818, para mim ainda de centúria anterior, circulando em vastas centenas de cópias secretas, decorada e dita em voz alta como versículos inéditos do Apocalipse. Frei Vidal de Frascarolo, lombardo dos arredores de Pavia, em 1796, missionava em Fortaleza e no ano subsequente pelo interior, com proveito e louvor da Câmara, solicitando ao Governador do Bispado de Pernambuco e ao Prefeito do Convento da Penha no Recife a permanência do frade no Ceará pecador. Capuchinho bradador e fervoroso, pregava o Inferno como estrada para o Paraíso, ameaçante e flamejador numa eloquência de trovoada. Em 1811 estava na Ilha de Manuel Gonçalves, boca do Rio do Assu no Rio Grande do Norte, povoação com capela de Nossa Senhora da Conceição, em cujo adro chantaria um grande cruzeiro penitencial, hoje na Matriz de Macau. A Manuel Gonçalves desceu para o fundo do rio depois de 1845, e fora assaltada por corsários em 1818.

Chuva de pedra em 1836, festejando um aerólito retumbante, cujo estampido é lembrado. As marés de sizígia completaram o desgaste mortal. O clima parece-me do Brasil do século XVIII, colônia do Sacramento, Mascates, Emboaba, Du Clerc, Duguay-Trouin, inquietação paulista, revoltas baianas e cariocas, Inconfidência, a febre convulsiva do crescimento nacional. Frei Vidal escreveria no Recife, no seu convento, vendo os *rapazes de Pernambuco*. Diz o frade, *se fama est veritas*, usando ao final a técnica de Bandarra para ocultar datas:

– "Quando vires quatro irmãos saírem da união, guarda-te, Pernambuco, que lá chega o teu quinhão. Quando vires os homens do Brasil presos e desgraçados, as masmorras ocupadas, piratas do Mar, a gente da Europa a assolar, ameaça o tempo de chegar. Quando vires os rapazes de Pernambuco de barretina e mitra aprendendo exercício, fazendo batalha, corre logo com a mecha ao fogão que os soberbos cavaleiros já te cercam, unam todos a corpo, ataquem ao inimigo e defendam a lei de Cristo que, quando se virem perdidos, aí verão o milagre! Serão grandes os trabalhos e grandes as tropas, que muitos estarão por bosques e serras para não verem o sangue correr na terra. Os contrários se recearão das armadas que vêm no Mar, que no meio delas virá a nau dos Quintos Reais, carregada d'ouro, de prata e diamante. É muito crua a guerra que vem para cá! Aí comerás o soldo do vosso Soberano e cada um será premiado conforme as suas façanhas. Aí verás na afamada Moribeca nascer uma mina de prata que abrangerá toda a sua América.

Quem disse que de José nasceria Maria e que nela findaria? Em conclusão, José e João não recuarão! Intentos grandes haverão porém na era de 1890, antes ou depois, verás coisas mil no mês mais vizinho de abril! Quando vires Pedro e outros flagelados, todos se acabarão abocados, por serem feridos os três tempos com os seis números dobrados e então acontecerá o que vou expor: – um grande círculo haverá que a redenção cobrirá e uma estrela haverá que a todos iluminará. Essa será a guia que primeiro não quererão depois abraçarão e do centro do sertão virá quem tudo acabará. Isso há de acontecer porque os sinais que nos cobrem assim o indicam. Um só Rei haverá que tudo dominará e eu posto onde Deus for servido verei o acontecido.

De dois a dois VV, um de perna para baixo e outro perna para cima, quatro voltas de um compasso, vai chegando a um ponto d'um disforme mortaço, e no meio ponto a tesoura verão a guerra consumidora e o tempo será tal tudo que irá final.

Quando vires o Sol escuro amola a faca para comeres o couro no futuro. Que a Era dos XX verás rebanhos de vinte mil. Isso há de acontecer quando o Céu fizer sinal, os povos fora da linha, andarão como pintos atrás da galinha. Quando vires a guerra fechar as duas pontas, serão tomadas todas as contas. Tudo há de acontecer, arder e depois florescer, porque Deus o quer e eu o sei por ser assim que está escrito." *Frei Vidal de Frascarolo.*

É a profecia-padrão, amada pelo Povo porque, nada percebendo, nela cabem todas as interpretações e se aninharão as volições do Interesse. Alude-se à negaceante mina de Prata de Robério Dias, o Muribeca, descendente rico do Caramuru, prometendo a Potosi brasileira nos derradeiros anos do século XVI. Com boa vontade é possível farejar a proclamação da República em 1889, com "Pedro e outros flagelados", valendo o Imperador e sua Corte, desamparados do Poder. Visível a constante rítmica nos versos soltos, rimados, tendência regular nas profecias populares. A finalística cristã acusa-se pelas desgraças anunciadas, sangue, guerra, brutalidades, serem provocações trágicas à oportuna intervenção divina, redimindo os náufragos desditosos. Critério da soberba dialética do Padre Antônio Vieira, compondo o horóscopo do Mundo em serviço de Portugal bragantino.

O maior e decisivo efeito da profecia é a sua indecifrabilidade imediata e direta. Enfermidade sofrida por todos os oráculos, indispensando os *traduttori-traditori* para as infidelidades prestimosas.

* * *

E as profecias brasileiras, mais ou menos calcadas sobre os modelos portugueses? El-Rei D. Sebastião estaria no Brasil apenas no século XIX, em Pernambuco (Serra do Rodeador e Pedra Bonita, 1819 e 1836) e Bahia, no Arraial de Canudos, 1893? O General Souza Docca disse-me conhecer profecias manuscritas no Rio Grande do Sul, relativas à guerra Farroupilha (1835-1845) mas nenhuma referente à Campanha Federalista (1893-1895). E as produzidas no Contestado (Paraná, Santa Catarina), alusivas ao Monge João Maria, desaparecido em 1898 e vivo na lembrança popular, e a luta armada com o Monge José Maria (1911-1915), morto em 1912? Houve alguma repercussão profética no movimento fanático dos Muckers (1872-1874, revivido em 1897), em São Leopoldo, no Rio Grande do Sul? Registaram as profecias de Jacobina Mentz em transe? Não é possível ausência profética nos períodos guerreiros de origem popular na fase da repressão militar. Qual será a informação amazônica? Paulista, e do Brasil Central?

A mais antiga profecia de que tenho notícia, com a subsequente realização punidora, foi a do dominicano Frei Antônio Rozado no púlpito de Olinda em 1629, profligando as demasias pecadoras do luxo e sexo, avidez e despotismo da Vila, presidindo 150 engenhos produtores de meio milhão de arrobas anuais de açúcar. Bradara o filho de São Domingos de Gusmão: – "De Olinda a Olanda não há aí mais que a mudança de um 'i' em 'a', e essa Vila de Olinda se há de mudar em Olanda e há de ser abrazada pelos olandeses antes de muitos dias; porque, pois, falta a justiça da terra, há de acudir a do Céu!". Em fevereiro do ano seguinte, Waerdenbuch dominava, saqueava, incendiava Olinda, tornando-a *olandeza* vinte e quatro anos.

Não foi esse o exemplo de Portugal, conservando documentária profética para os futuros exegetas.

Na Biblioteca Nacional e na de Ajuda em Lisboa, dois códices reúnem mais de duzentas profecias até 1809. Das invasões napoleônicas à D. Maria II, brotariam um bom cento de anúncios consoladores na vigência da Fome, Peste e Guerra incessantes. As modificações nas *Trovas* de Bandarra, dos finais do século XVI ao primeiro terço do XIX, divulgadas impressas ou manuscritas, foram incalculáveis, além das imitações. Resistem nos gavetões colecionadores. Algumas teriam vindo ao Brasil, na continuidade de esperança e credulidade.

No Brasil quase nada possuímos do nosso acervo autêntico profético, divulgado sem os recursos tipográficos, em cópias inumeráveis nos momentos de intensidade curiosa. Restará algum caderno salvador, espólio de avós no arquivo indiferente dos netos contemporâneos?

A fama, teimosa e vaga, em que me criei, afirmava o Padre Ibiapina autor de profecias como era, confessadamente, distinguido pelas "visões celestes". O historiador Celso Mariz (*Ibiapina, um Apóstolo do Nordeste*, João Pessoa, 1942), evocou definitivamente o grande e único missionário secular nas províncias imperiais de Piauí, Ceará, Rio Grande do Norte e Paraíba. José Antônio Pereira Ibiapina (1806-1883), cearense de Sobral, faleceu em Santa Fé, Bananeiras, Paraíba, onde está sepultado. Bacharel na primeira turma de Olinda, 1832, no ano seguinte ensinava Direito Natural onde estudara. Juiz de Direito de Quixeramobim, ainda em 1833; Deputado-Geral pelo Ceará, 1834-1837. Advogado em Pernambuco até 1853 quando o Bispo D. João da Purificação Marques Perdigão ordenou-o sacerdote. Substituiu Pereira por Maria, Ano do Cólera, iniciou os 39 de esforço nos sertões, sacrifício, dedicação inexcedíveis, e sem prêmio no Mundo. Não apenas pregando, mas construindo 22 Casas de Caridade, abrigando moças pobres, órfãs, gente desvalida e tentável, Igrejas, Capelas, cemitérios, açudes, erguendo cruzeiros de madeira, tribuna de sua eloquência arrebatadora. Deixou um clarão de lembrança inapagável nas gerações sertanejas, conciliando inimigos, desarmando cangaceiros, abençoando lares, pacificando, socorrendo as populações com um desvelo incomparável, obtendo recursos inesperados e suficientes.

Fez muitos milagres, previsões miraculosas, intervenções santificantes. Várias vezes esteve no Rio Grande do Norte, com suas fundações piedosas, Mossoró, Assu, Angicos, Acari, Flores. Depois da missão em Angicos, 1862, informa-me o ex-governador Aloísio Alves recordando os conselhos, o Povo cantava:

> *Foi embora o Padre Mestre,*
> *Deixou três ervas plantadas:*
> *Salve-Rainha ao meio-dia,*
> *O Terço a boca da noite,*
> *O Ofício de madrugada!*

Tia Naninha (Ana Maria da Câmara Pimenta, 1840-1933), irmã da minha avó materna, fora religiosa da Casa de Caridade de Santa Fé, enterrando-se em Natal com o "santo hábito". Era fanática pelo "Meu Pai Padre Ibiapina", falecido cantando baixinho o *Salutaris Hóstia*, estendendo os lábios como se comungasse por invisível mão. Tia Naninha jurava-o taumaturgo, vidente, profeta. Ainda Juiz de Direito em Quixeramobim sonhou ver um bando de porcos vadeando o rio. Um dos animais possante e nédio, resistia, grunindo. O porqueiro gritou-lhe: – "Porco! Entra neste rio como os Doutores entram para o Inferno!". O porco precipitou-se n'água. O Coronel Cipriano Bezerra Galvão Santa Rosa, antigo presidente da Intendência do Acari, disse-me ser corrente no seu tempo a profecia do Padre Ibiapina, mas não recordava os assuntos fixados.

A literatura profética é uma prodigiosa sobrevivência mental nas atividades intelectuais do Mundo. O homem arrogar-se intérprete da Divindade, anunciando o Futuro, atenderia ao impulso irresistível da penetração no Sobrenatural, desvendando e divulgando o segredo dos Deuses longínquos, indispensável à necessidade da angústia indagadora. É realmente uma posse da limitação humana no complexo da Onipotência inexplicável.

Ainda é possível deduzir-se da majestade poderosa dos oráculos no Mundo que a Grécia iluminou. Restam as séries fragmentadas de Wolff, Benedict, Cougny, Hendes, clareadas pelo estudo de Bouché-Leclercq (*Histoire de la Divination dans l'Antiquité*, Paris, 1879-1882). Esses crismólogos (colecionadores de oráculos) descobrem o aspecto mais íntimo, profundo, indevassável pela dedução no Homem da época, abrindo o coração para pedir e confessando o motivo da súplica. Nenhum outro documento expõe essa evidência. Mas os oráculos eram respostas provocadas e as profecias declarações espontâneas de Deus, antecipando-se ao Tempo, anulando os prazos misteriosos da Revelação. O oráculo era interesse pessoal e a profecia instrução de destino coletivo. Mais impressionantes as nossas, porque exibiam uma situação de problema basilar para um grande grupo conterrâneo, permitindo o encanto peculiar da interpretação local, arbitrária e sincera. A linguagem media a extensão da mentalidade receptora.

Max Muller afirmava a transmissão dos contos populares bem mais maravilhosa que o enredo deles. Os caminhos de D. Sebastião no Brasil estariam nesse nível de encanto surpreendente. Como alcançara os ouvidos de Silvestre José dos Santos, da Pedra do Rodeador, de João Antônio dos Santos, da Pedra Bonita, e os olhos lampejantes de Antônio Conselheiro, vagando nas caatingas baianas? Como se revestira o régio e Juvenil espectro de Alcácer--Quibir para a conquista espiritual dessas três almas nordestinas, três vassalos reerguendo-lhe a homenagem sangrenta de um devotamento bárbaro e total? Morreram por esse fantasma, possuidor de todos os tesouros do Sonho. Qual teria sido o processo da radiosa contaminação?

No Rio Grande do Norte antigo, o Padre José Fernandes Lima (1752--1824), Vigário de Arez, colecionara profecias, de valor inestimável pela época vivida, de D. José I de Portugal ao bisneto Imperador do Brasil. Francisco Ribeiro Dantas, escrivão federal em Natal, disse-me ter visto o grosso caderno em mãos do Dr. Ângulo Caetano de Souza Cousseiro, juiz aposentado, residindo em São José de Mipibu. Incluía uma profecia de Frei Serafim de Catania, chegado ao Brasil dezessete anos depois do vigário de Arez haver falecido. Seria cópia obtida pelo Dr. Cousseiro. Perdeu-se esse documentário?

Frei Serafim de Catania deixou auréola de presciência. Adivinhava culpas escondidas e mesmo pensadas. Seguia-o a luz da veneração popular por todo o Nordeste. Evitou crimes porque temiam vê-los revelados pelo frade siciliano. Transformou uma lagartixa em joia linda, auxiliando um aflito. Devolvido o penhor, a lagartixa voltou a ser o que fora antes. Caso já repetido no Peru com Frei Gomez e no Egito com São Basílio: (*Coisas que o Povo Diz*, 1968). Certo é que Frei Serafim deixou profecia, lida e copiada entre 1850-1880. Faleceu em Catania, 1887. O Coronel Filinto Elísio de Oliveira Azevedo, de Jardim do Seridó (era bisneto do fundador), leu a profecia de Frei Serafim, repetindo-me trechos. Previa a República e o falecimento do Imperador no desterro. Anunciava o avião em vez do balão dirigível e a transplantação de vísceras humanas. Predisse a Seca dos Dois Setes. A Casa de Saboia terminaria em guerras como começara. Na Era dos XX o Homem descia e a Mulher subia. Ouro não teria valor e as viagens seriam feitas cavalgando cavalos de madeira, como profetizara São Isidoro, Arcebispo de Sevilha no século VII. Montando um cavalo de madeira D. Sebastião voltará a Portugal. Reinaria um Papa sul-americano. Nossa Senhora seria vista por olhos brasileiros.

Outro profeta agora sem voz teria sido Frei Venâncio Maria de Ferrara, muito respeitado pelas velhas reminiscências. Capuchinho da Penha, no Recife, missionário até proximidades da República, velhinho dominador das manifestações diabólicas, enxergava o Invisível. Foi o maior exorcismador daquele tempo. Anoto a melancólica decadência dos *possessos* do Demônio, antigamente dramáticos e numerosos. O Diabo já não disputa as almas alojando-se nos corpos propícios. Mesmo declínio das histéricas do Professor Charcot. Frei Venâncio era um específico antissatânico. A sua profecia desapareceu.

Pelo interior do Brasil as profecias, ainda vivas em espécie e imprecisas nas formas comunicantes, eram dogmas de Fé. Os vigários não ousavam negar-lhes autoridade veneranda, possibilidade da informação inspirada, e razoável percentagem ortodoxa. Os cadernos guardavam períodos mais expressivos e enigmáticos. *La vieillesse aime á ruminer le Passé*. Dormiam nas gavetas da memória e nas folhas amarelas da conservação para os descendentes, tementes a Deus. Nos despojos do Arraial de Canudos, em 1897, encontraram incontáveis cadernos de profecias, algumas do

"Bom Jesus Conselheiro", apelido do cearense Antônio Vicente Mendes Maciel, o Antônio Conselheiro imortal.

Euclides da Cunha (*Os Sertões*, 1957) transcreve um exemplo assombroso de concepção movimentada, sombria, poderosa de fascínio.

Em verdade vos digo, quando as nações brigam com as nações, o Brasil com o Brasil, a Inglaterra com a Inglaterra, a Prússia com a Prússia, das ondas do mar D. Sebastião sairá com todo o seu exército.

Desde o princípio do Mundo que encantou com todo o seu exército e o restituiu em guerra.

E quando encantou-se afincou a espada na pedra, ela foi até os copos e ele disse: – Adeus Mundo! Até mil e tantos a dois mil não chegarás!

Neste dia quando sair com o seu exército tira a todos no fio da espada deste papel da República. O fim desta guerra se acabará na Santa Casa de Roma e o sangue há de ir até a junta grossa.

Lamentavelmente incompleta. D. Sebastião, Rei do Futuro, *le Roi Demain*, dizia-o D'Annunzio, está no fundo do Mar baiano. No touro negro da praia maranhense de Lençóis. Na laje pernambucana da Pedra Bonita. Mas, continua vivo, e sua hora resplandecente soará.

As profecias eram um Evangelho oculto, indiscutível e autêntico, escrito no anonimato das inspirações sucessivas, ávidas da presença divina. As alusões estranhas ficaram asseguradas na frase usual: – *Está nas Profecias!* Inútil discutir.

Carecem as contemporâneas do prestígio ancião que as consagrava. A transmissão oral e fragmentária era comum porque a leitura integral concedia-se aos eleitos da confiança, severidade e compostura notórias. Espalhavam-se em parcelas cautelosas aos dignos da compreensão sigilosa. A credulidade incansável creditava a expansão circulatória.

O Brasil povoou-se no século XVI, plantio das sementes humanas, seiva das primeiras raízes genealógicas. É o século de Bandarra, de D. Sebastião, nova floresta das profecias que haviam moldurado a eclosão do Mestre de Aviz, início da eclíptica messiânica dos Reis assinalados pelo Destino, desde a Cruz de Ourique. Tempo do Povo de Gil Vicente e dos heróis de Luís de Camões. A Religião no espírito popular, com a diluição moura, manteria a feição fatalista, astrológica, percebida nos lampejos proféticos, vizinhança de Deus, onde tudo era milagre.

DE PÉ NO CHÃO

*U*ma surpresa no meu tempo menino em Natal foi ter visto na Missa do domingo, solene e concorrida, na Matriz, hoje Sé, uma ou outra senhora de primeira entrância social, bem-vestida e ornada de joias, imperturbável e sisuda, mostrando os pés sem sapatos e meias. A classe do pé no chão constituía a inicial humilde, subalterna, desprotegida. Difícil, presentemente, deparar pés sem alpercatas mesmo pelos sertões de plantio e gado. Naquele fabuloso 1905 era a "constante rítmica". Incompreensível para mim deparar uma dama imperiosa, de olhos duros e trancelins no anafado pescoço, andando de pés nus, como qual mendiga de porta em porta. Depois, os pés ao natural, circulavam nas procissões dos Passos, senhores, senhoras, e gente do Povo. Meninos, eu vi! do Salvador a Teresina, quando era possível encontrar pelo Brasil inteiro. Está raro mas não de todo desapareceu. Vi no Rio de Janeiro, Dia de São Sebastião em 1969, Missa campal celebrada pelo Cardeal-Arcebispo D. Jaime de Barros Câmara. Não em matrona mas numa provocante *inocente*, de inquieta exibição.

Minha Mãe explicava ser "promessa". Indígenas e africanos escravos não usavam sapatos. O português trouxera o costume de suas romarias festivas e penitenciais. Seria, evidentemente, um ato de humilhação reparadora em reverência a Deus. Mas, por que o pé no chão significaria penitência, quando era usual no Povo?

– "Descalça-te! Retira dos teus pés o calçado porque o lugar onde está é terra sagrada!" Assim falava Jeová, dirigindo-se a Moisés, na primeira recomendação litúrgica ouvida por um condutor de Povos. A sarça ardia sem consumir-se no Planalto do Horeb. Moisés descalçou-se para atender ao imperativo. Depois é que o Senhor Deus lhe deu a missão de levar o povo eleito, do desterro no Egito para as alegrias de Canaã.

O pé descalço era uma homenagem. Homenagem de humildade e de obediência. O costume já era assim pelos reinos poderosos da Assíria, Pérsia, Babilônia. No Egito ninguém se aproximava do Faraó com os pés calçados. Una, o ministro onipotente de Meri-Rã-Papi, da sexta dinastia, elefantina, teve a maior das distinções possíveis, a mais surpreendente que um vassalo podia, vaidosamente, sonhar. O Faraó permitiu-lhe conservar calçadas as suas sandálias no palácio real e até na própria presença divina do Rei.

Essa tradição é um elemento característico para a religião de Maomé. Todos os fiéis descalçam-se para entrar e orar nas mesquitas. Em treze séculos muito cerimonial desaparece ou se transforma. A obrigação de descalçar-se tem sido imutável por todo o mundo muçulmano. Onde quer que elas existam nas cidades da Europa e América, o visitante deixa os sapatos na linha do umbral. Antes de Maomé não existia esse rito.

Também, por todo Japão, o preceito religioso impõe o pé descalço ao penetrar o templo. Os filhos dos emigrantes japoneses no Brasil instintivamente abandonam os sapatinhos na entrada da escola. E, na forma do costume, os meninos brasileiros imitam o fácil cerimonial.

Na reação cristã houve reforma de hábitos e protocolos. Mas ainda resiste na liturgia católica um ato religioso em que os oficiantes funcionam com os pés desnudos. No ofício da manhã, na Sexta-Feira da Paixão, depois das preces litânicas que se seguem ao canto da Paixão (*Passio*), o padre e os ministros que o acompanham descalçam-se para a adoração da Cruz: *Missalae Romanum*, Féria VI in Parasceve, ed. Pustet, 1907. Mesmo quando oficia Bispo, nesta altura; *manipulum et calceos deponent* para ir adorar a Cruz: Maretti, *Caeremoniale pro Functionibus Pontificalibus Hebdomadare Maiores*, 132, ed. Maretti, Turim, 1924. Um dos maiores liturgistas do século, o Cardeal Alfredo Ildefonso Schuster, beneditino do Monte Cassino, falecido Arcebispo de Milão, ensinava: – *L'adorazione della santa Croce se compie dal clero, senza scarpe, il che ci recorda l'antico rito che prescriveva in questo giorno al Papa e ai cardinalidi prender parte a piedi scalzi alla processione stazionale: Liber Sacramentorum*, III, 223, ed. Marietti, Turim, 1933. Em abril de 1971, o Papa Paulo VI fez a Via-Sacra no Coliseu em Roma *a piedi scalzi*.

Na Procissão do Encontro, primeira sexta-feira antes da Sexta-feira da Paixão, é de encontro comum essa penitência, promessa ou ato votivo, nos países católicos da Europa e América. Não houve ideia mais viva de reforma purificadora que denominar *descalços* aos Carmelitas da reforma de Santa Tereza, embora se refira a ausência das meias nas alpercatas. Em agosto de 1385 festejavam em Lisboa a vitória de Aljubarrota com *huã geral procissão em que forão todos descalços*, informa Fernão Lopes: *Crônica de D. João I*, XLVI.

Mandando Moisés descalçar-se, para dar uma visão assombrosa do lugar sagrado, Jeová empregou indicação corrente e popular no Egito, dando sugestão material e visível para alcançar o invisível e o abstrato, tal-qualmente realiza a liturgia católica, tornada mais superficial e compreensível com o II Concílio Vaticano. Doutra forma, naquele tempo, Moisés não compreenderia.

As sandálias eram conhecidas no Egito desde a IV dinastia. Um faraó da VI autorizando o Ministro Una a calçar-se na presença do Rei já indica o alcance do costume e sua significação. Quando Jeová falou a Moisés no Horeb reinava Menefta, da XIX dinastia, filho de Ramsés II. O fato de estar calçado ou descalço na presença do Faraó, ser divino, possuía vasto estendimento para o Povo, sabendo todos a distinção entre as duas atitudes. As fórmulas de respeito e adoração mais antigas estão fixadas nas pedras, nas ruínas dos templos, dos palácios, das sepulturas, nos hinários historiando as façanhas guerreiras ou as oblações religiosas. A mão ao peito, as palmas voltadas para o Deus ou para o Rei, a prosternação, a posição ajoelhada, os braços cruzados ou erguidos são as mais conhecidas. De joelhos eram os soberanos assírios e babilônios servidos, como tantos príncipes e cardeais na Renascença. De joelhos são certas audiências papais. De joelhos sobem os vinte e oito degraus de mármore da Scala Santa, a escada do pretório de Pilatos, conduzida para Roma. O pé descalço é, possivelmente, a forma mais antiga de materializar o respeito, a submissão, a obediência total.[1] Petrênio lembra as matronas em Roma, *nudis pedibus*, suplicando ao Júpiter imortal: *Satyricon*, XLIV.

A Terra, Gaia, Telus, Titeia, Cibele, a *Kthón*, mãe dos Deuses, mantenedora da vida organizada, era, em última análise, tudo para os Antigos. Os Deuses que viviam debaixo da Terra dirigiam a força da fecundação, da germinação, da conservação da existência vegetal e animal, decisivos e oraculares. Orientavam as águas, o movimento do Mar, guardando os ventos nas cavernas, o voo das aves, a migração dos peixes, os animais, o alimento que se planta e come. Perséfona e Cibele traduzem bem o mito, quando Plutão arrebatou a primeira e a segunda não manteve a regularidade das estações climatéricas no plano da continuidade vegetal. Homens e Deuses iam sucumbindo. Foi preciso arranjar-se uma fórmula de conciliação. E por isto a Vida continuou. Para a Terra iam, como ainda vão, as primeiras gotas do vinho que se bebe, oferenda na *Libácio*. As ideias supremas de Pátria estão intrinsecamente ligadas à imagem material da Terra, guardando os antepassados venerandos.

---

[1] O exemplo, histórico e clássico, é a penitência imposta pelo Papa São Gregório VII a Henrique IV, Imperador da Alemanha, expondo-o ao relento ante o Castelo de Canossa, pés nus na neve, três dias antes de recebê-lo para a absolvição, em 1077.

Quem já assistiu às funções dos Candomblés, Macumbas, Xangôs, Umbandas pelas cidades ao longo do litoral brasileiro lembra a estranha saudação indispensável que todos fazem na entrada do barracão festivo. Grandes e pequenos titulados da seita, desde o Babalorixá à Mãe de santo, ogãs, filhas de santo e filhos, os devotos e admiradores, todos tocam o solo com os dedos da mão direita e alguns levam-na à fronte. É uma presença da liturgia de Roma nos preceitos devidos aos Orixás da África Ocidental. Oblação aos *Dii Inferi*, aos Deuses sinistros e misteriosos da Terra, que tudo podem. *Tangite vos quoque terram*, tocai também a terra, recomenda-se no *Mostellaria*, de Plauto. Quando uma filha de santo, no delírio dos cantos e dança votiva ao seu Orixá, recebe o padroeiro, entrando em transe, *sentando o Santo*, estrebuchando desordenadamente, um dos primeiros cuidados dos companheiros é descalçá-la, fazendo-a pisar diretamente o chão do terreiro.

A Terra dá força no seu contato poderoso, estabelecendo comunicação magnética, animando e fortalecendo. O Doutor Yervantian (*La Clef de la Longivité*, 1934) entre os conselhos para a velhice sadia inclui a recomendação de calcar o solo, aspirando os gases desprendidos da terra. No tempo mítico esses gases eram a respiração dos *Dii Inferi* nas profundas do globo. No mito de Anteu, filho da Terra e de Netuno, há o símbolo mais visível dessa irradiante energia invencível. Três vezes Hércules atirou o gigante ao chão, fulminantemente. Três vezes a Mãe-Terra restituiu-lhe as forças para reenfrentar o semideus. Hércules, para matar Anteu, ergueu-o no ar, sufocando-o. Não podendo tocar o solo, o gigante sucumbiu.

Essa não é, visivelmente, a interpretação contemporânea da intimativa de Jeová no Horeb. Ligam os fios sutis e perfeitos da unidade. Os Soberanos exigiam que o vassalo descalçasse a sandália para situá-lo em atitude inferior e desigual ao trono, o Poder Real. A sola do sapato interrompia a comunicação, isolando o Homem, como fazendo-o escapar à jurisdição divina do Rei, senhor da Terra e donos dos Poderes da competência. Calçar-se, com a autorização majestática, era restabelecer um nível mais próximo à grandeza ilimitada do Rei. Os pés nus nivelavam a todos, pondo-os dentro da vontade espantosa dos deuses ctonianos, na terra sagrada. *Terra sancta est...*

A ORAÇÃO CIRCULAR

Quando eu era menino, em José de Mipibu, aparecia sempre em nossa casa a velha Buna, Sinhá Buna, encarquilhada, recurvada, vacilante nas pernas trêmulas, mas conversando com desembaraço e prestando-se a fazer os serviços leves da cozinha. Tinha fama de rezadeira poderosa. Minha grande curiosidade era ver em certas tardes, quase ao anoitecer, a velha Buna ir rezar no Santo Cruzeiro diante da Matriz. Rezava andando em redor da cruz, sem parar, balbuciando sua oração irresistível. Depois parava, persignava-se olhando para o frontão da igreja e voltava para casa, trôpega, curvada, humilde, respeitada.

Nunca lhe perguntei a razão daquela reza em passo circular e nem mesmo tinha idade para fazê-lo. Mas a imagem ficou para sempre na memória. Estudei-a no *Superstições e Costumes* (na segunda parte deste volume). Agora renovo a evocação, um tanto ampliada.

A marcha descrevendo um círculo é de alta expressão simbólica e participa, há milênios, da liturgia popular em quase todos os recantos do Mundo. Há procissão religiosa ao redor de uma praça, volteando a igreja ou capela, ou dentro de um pátio interno ou claustro conventual. Chamava-se *Rasoura*, e Pereira da Costa ainda a presenciou diante da Igreja do Carmo no Recife de 1915. Era a mais simples das procissões e de mais curto trajeto. Em Portugal fazem-na a Nossa Senhora dos Candeias, 2 de fevereiro. Huysmans descreve uma numa igreja de monjas franciscanas em Paris (*En Route*, 1895).

Durante as festas de São João circulava-se cantando versos alusivos em volta de árvores ornamentadas ou postes, os mastros de São João, decorados festivamente. À roda da fogueira acesa na tarde de 23 de junho rodava-se, cantando, para a direita e para a esquerda num bailarico vivíssimo. No cerimonial de tomar-se compadre ou comadre, casamento ou noivado, na noite de São João, a posição dos dois figurantes é circum-ambulando a coivara votiva e dizendo em voz alta a fórmula consagradora, e só se reunindo para o abraço final. Lembro-me do cortejo dos antigos casamentos no sertão do Nordeste. Os recém-casados vindos das fazendas, com os padrinhos e convidados, todos a cavalo, deixando o templo, faziam uma volta à praça. Diziam "a cortesia". Nas promessas populares aos Santos Cruzeiros, chantados diante das igrejas, os terços, ladainhas e demais orações eram rezadas andando ao redor deles, assim como na Santa Coluna, lugares onde quase sempre tinha existido o Pelourinho.

Os exorcismos e rezas fortes, altos segredos das macrobias rezadeiras, tinham maior eficácia quando ditos em andamento circulatório. Rezando diante das crianças enfermas, ou ante a rede do doente adulto, a velha das rezas o fazia em círculo, ininterruptamente até findar a oração.

Uma das rezas fortes de prestígio mirífico era a Oração dos quatro cantos da sala, que se rezava caminhando junto à parede interna do quarto principal ou da sala. De canto a canto. Consta das *Confissões da Bahia*, na Visita do Santo Ofício em 1591.

As variantes desse ritmo correm pelo Mundo. Os marinheiros de Audierne, Finisterra, salvos de um naufrágio, faziam sete vezes a volta da Igreja de Santa Evette. Na Ilha de Batz, na costa bretã da Mancha, quando não se tem notícia de um barco de pesca, nove viúvas, fazendo durante nove dias consecutivos volta à igreja, oravam em silêncio. Nesse espaço de tempo sabia-se o destino do navio. Em Kendal, Westmoreland, a moça desejosa de matrimônio fará três voltas aos muros da igreja. Verá um féretro, se não for destinada ao casamento.

Da espantosa velhice do costume há a recomendação de Numa, segundo Rei de Roma, ordenando aos sacerdotes que orassem aos deuses andando circularmente, imitando o movimento dos astros no universo sideral: (Plutarco).

Para conjurar a cólera dos deuses e nas horas de perigos coletivos, realizava-se em Roma o *Amburbiale Sacrum*, com todos os colégios sacerdotais e seguido pelo povo, conduzindo as vítimas imoláveis no sacrifício em marcha lenta, fazendo-se o círculo da cidade: (Servius). Na Grécia, poucos dias depois de nascer a criança, confundindo-se com a dação do nome havia a *Anfidromia*, em que o recém-nascido fazia volta ao fogo do lar. Nas Western Islands a purificação mágica do filho e da jovem mãe verificava-se volteando-se uma chama ao derredor do leito de ambos.

Os peregrinos cristãos ao Santo Sepulcro em Jerusalém usam por vezes circular a sepultura de Jesus Cristo. Os muçulmanos obedecem a idêntico cerimonial, rodeando e rezando sete vezes a Kaaba em Meca. Chama-se *Tawaf*. Na Índia a circum-ambulação é sagrada e figura no código de Manu, recomendando à noiva fazer três vezes a volta à lareira do seu novo lar. Essa obrigação de dar volta em torno de um objeto sagrado diz-se *Pradakshina*. N. M. Penzer identificou-a com o *Deisul* na Irlanda, *Deazil* dos velhos Highlanders, dizendo tradição corrente na Grécia, Roma, Egito, Japão, Tibete e China. Celtas e Teutões praticavam a circum--ambulação em rito religioso de súplica.

Em Bom Jesus do Monte, Braga, em Portugal, sobre um penedo há a estátua equestre de São Longuinho, desde 1821. A menina solteira que lhe fizer três vezes e em silêncio o volteio casará dentro de um ano. As jovens esposas desejando maternidade faziam nove voltas ao pé da imagem de Nossa Senhora da Piedade na Sé de Lisboa. Cada volta simbolizava um mês de gravidez.

Na festa de Santo Antão (17 de janeiro) e de São Marcos (25 de março) os lavradores portugueses fazem o galo e os rebanhos dar várias voltas às respectivas capelas, livrando-os de doença durante o ano. Também no São Silvestre, 31 de dezembro.

Nas exéquias e "encomendações" o sacerdote incensa e asperge o féretro circularmente – *accipit thuribulum, et lodem modo circuit feretrum, et corpus incensat, ut asperserat.*

As orações em movimento retilíneo têm mais força irradiante porque recordavam a Via-Sacra. Em círculo são poderosas porque realizam a figura do Infinito dinâmico, repetindo, como pensava o Rei Numa Pompílio, o giro dos astros. Sugestão litúrgica sete séculos antes de Jesus Cristo nascer.

Tudo isso, sem pensar, guiava a oração à roda do cruzeiro, feita pela velha Buna nas tardes tranquilas de São José de Mipibu.

A Hora do meio-dia

A superstição meridiana ainda é viva e forte no Brasil. Tanto quanto em Portugal e Espanha de onde a tivemos.

Não sei da percentagem que poderia caber aos Incas, Astecas e Maias por uma crendice referente ao sol no zênite, perdurando nas populações ameríndias.

O Salmo 91, 6, cita o Demônio do Meio-Dia, *daemonio meridiano*, tão de recear-se quanto a calamidade mortífera ocorrente nessa mesma hora: – *a pernicie quae vastat meridie*. Sobrevive na imaginação coletiva a vaga imagem demoníaca, liberta do Inferno e operante na coincidência horária.

No *Meléagro* (Agir, 1951) divulgo uma *Oração do Meio-Dia* com força de atração amorosa. As pragas irrogadas a essa hora são de eficácia indiscutível. No *Relógios Falantes*, Dom Francisco Manuel de Melo regista a versão obstinada: – *Velha conheci eu já, que ensinava às moças, que as pragas rogadas das onze para ao meyo dia erão de vez, porque todos empécião*. Também, na face benemérita, as súplicas são atendidas desde que coincidam com o coro dos Anjos, cantando as glórias a Deus, justamente no *pino do meio-dia*. Jesus Cristo foi crucificado ao meio-dia. Nessa hora em que Adão pecou. Hora sexta, lenta e morna para os romanos que a temiam. Na Grécia silenciavam cantigas e avenas pastoris porque era a hora em que Pã adormecia, farto de correrias. Interrompido o sono, caro pagaria o atrevido perturbador. Na campina de Roma respeitava-se a sesta dos deuses silvestres fatigados. Na Idade Média era possível ouvir-se o fragor tempestuoso da cavalgata fantástica, seguindo o caçador eterno, *Wuotans Heer, das wütende Heer*, infernais. As pedras deslocam-se na França. O homem das águas rapta as crianças na Morávia, repetindo as Nereides gregas e a Polednice da Boêmia. Surge em Palermo a feia Grecu Livanti. O Demônio do Meio-Dia persegue nas montanhas as mulheres de Creta. Um espectro feminino ronda a pirâmide de Kéops. Em Portugal, o Homem das sete Dentaduras aparece no Cerro Vermelho, Algarve, ao meio-dia, como, de sete em sete anos, corre a Zorra de Odeloca, a Berradeira, espavorindo a região. No dia de São João o sol dá três voltas ao meio-dia e está cercado por nove estrelas fiéis. O milagre solar de Fátima. Para nós, brasileiros do sertão, o redemoinho, os súbitos pés de vento, a poeira que sobe, brusca, diante das portas, o canto estridente do galo, os rumores inexplicáveis no telhado, nas camarinhas sombrias, nos alpendres solitários, denunciam presenças misteriosas e sobrenaturais.

É uma das *horas abertas* em que *Diabo se solta*, os doentes pioram, os feitiços ganham poderio nas encruzilhadas desertas.

Não pragueje, não cante alto, não assobie, não abra os braços quando os ponteiros do relógio estiverem de *mãos postas*.

Notem que é uma hora estranha, parada, com um arrepio sinistro nas folhas, tangendo os animais vagorosos. Hora em que o cão se enrosca para não ver os fantasmas.

No sertão, hora das miragens, do falso fumaceiro nos capoeirões, denunciando um fogo inexistente. Trote de comboio, obrigando o viajante a volver-se para identificar invisíveis caminhantes.

Os animais reais dormem, escondidos nas sombras das *malhadas*. Os *encantados* galopam procurando apavorar os caminheiros do sol a pino. Relincho de cavalo que ninguém enxerga. Uivo de raposa que não nasceu. Bafo de coivara, sopro quente de braseiro, jamais localizado. Vento que passa açoitando as árvores e deixando os galhos imóveis, recortados em chumbo.

Cuidado com o mal que desejar nessa hora fatídica. Voto, praga, invocação, esconjuro têm projeção mágica.

Todos os "ocultistas" recordam a batalha *astral* entre *l'abbé* Boullan e Stanislas de Guaita, combate de magia negra, *à coups d'envoutements*, duelo a distância, sem pausa e sem mercê. Boullan sucumbiu acusando Stanislas de Guaita de havê-lo *assassiné astralement*. As horas preferidas foram sempre meia-noite e meio-dia. Valem tanto, para a feitiçaria, macumba, catimbó, a hora do sol a pino como a meia-noite tenebrosa.

Mas é a hora poderosa para as orações benéficas. Nunca a Igreja regulou esse horário que é superstição milenar, trazida pelo europeu para o continente americano. Não se verificou que as culturas pré-colombianas a tivessem motivado.

Certas rezas assumem valores surpreendentes quando ditas no *pino do meio-dia*. Ditas de pé e sem telhas acima da cabeça, ao ar livre, ao sol. Explicam a intervenção prodigiosa pela obediência inarredável ao *toque* do meio-dia, batendo o relógio as doze badaladas quando o devoto está

orando. *Nunca perdi um meio-dia*, justificava-se alguém de um aconteci-
mento venturoso, solução vitoriosa em antiquíssima e semiperdida questão.

– *Só temo neste mundo a revólver descarregado e praga ao meio-dia!* –
dizia-me um professor eminente, veterano de gerações (Dr. Luís Antônio
Ferreira Souto dos Santos Lima). Demônio do Meio-Dia chamavam ao Rei
Filipe II de Espanha. Mas para o povo é bem outra a força miraculosa em
sua ameaça imortal.

Posição para orar

Juvenal Lamartine de Faria (1874-1956), deputado, senador, governador do Rio Grande do Norte, sabia contar deliciosamente as estórias do sertão do Seridó onde nascera, vivera e fora Juiz de Direito. Narrava-me a vida acidentada e curiosa de Tomás Francês, Tomás Lopes de Araújo, neto materno de Tomás de Araújo Pereira, o primeiro presidente da Província do Rio Grande do Norte. Tomás Francês estivera na França, trazendo a alcunha, e passara sua vida em lutas locais, derribando gado e trabalhando pouco. Um seu desafeto, jurado de morte, conseguiu aprender uma oração forte para ficar invisível. Devia rezar com o pé direito em cima do pé esquerdo e com os braços abertos. Avistando, numa boca de noite, o vulto ameaçador de Tomás Francês, pôs o pé na posição recomendada, abriu os braços em cruz e começou a oração infalível. Terminou-a no outro mundo. Na *Tragédia Policiana* (1547), do "bachiller" Sebastián Fernandez, Claudina ensina a Silvânico um processo mágico para conquistar amores, onde aparece a exigência. *Pondrás tu pie derecho sobre su pie yzquierdo, e con tu mano derecha la toca la parte del corazon*, salientava a mestra em feitiçarias eróticas.

Certas orações demoníacas, como a da *Cabra Preta* ou do *Credo às Avessas*, devem ser recitadas sem interrupção e gaguejo e com o pé direito em cima do esquerdo. Os mestres do Catimbó explicam que, nessa posição e com os braços estendidos horizontalmente, o homem dá a imagem de uma ave, impressão de voo, subida, elevação. Perdendo parte da base de sustenção, fica mais leve, maneiro, ajudando a força da fórmula. E está firmando no pé esquerdo, que deve ajudar a não dirigir o direito.

Há orações com os olhos fechados. Concentração distanciando as dispersões mentais. O *Rosário das Alvíssaras*, dito outrora no Sábado da Aleluia justamente à meia-noite, pedindo-se prêmio a Nossa Senhora pela ressurreição do seu Bento Filho, era uma dessas, de pálpebras cerradas. Rezem presentemente na noite do sábado para o Domingo da Ressurreição. Meia-noite, os ponteiros de mãos postas, pedia-se à Virgem Mãe a recompensa pela notícia da vitória filial sobre a Morte. Orar sem ver os circunjacentes, isolando-se, reforça a súplica, tornando-a mais pura e direta. Assim oravam os velhos monges, os eremitas no deserto. Rezar olhando para o Céu parece ao Povo afetação e artificialismo. As preces ocorrem em recintos fechados.

Nos domínios do Catimbó (*Meléagro*, Rio, 1951) vivem formalidades estupefacientes, assumidas pessoalmente. A *Oração das Estrelas* será soberana se for recitada deitado, ressupino, olhando as estrelas, longe de qualquer testemunha que interrompa a ligação invisível. A *Oração dos Sete Cabocos* dizem-na indo e voltando de costas. A *Oração do Meio-Dia* é de pé, ao sol forte, evitando ser alcançado por qualquer sombra porque fará *quebrar as forças*. Sozinho.

Nos santuários franceses de La Salette e Lourdes os peregrinos oravam com os braços abertos. Não vi essa posição entre os portugueses de Fátima, exceto em alguns grupos estrangeiros.

Para os que rezam olhando a assistência, na curiosidade displicente do automatismo preguiçoso, o castigo é a súplica não passar do telhado mais próximo. Rezando e andando nas procissões mira-se o solo. Nada de olhamentos vadios e tornejantes. A oração fica no chão porque o impulso oblacional se esgotou, enrolado nas tentações da Terra.

No momento da "Elevação" na Missa as atitudes denunciam as mentalidades devotas. Cabeça inclinada, como não sendo digno da divina contemplação. Outros fitam a Sagrada Partícula confiados em receber as emanações da Misericórdia. Alguns voltam as palmas das mãos para o celebrante, ampliando a superfície receptora das graças. Há os que se curvam e se aprumam, sucessivamente, batendo no peito contrito. Com os pulsos cruzados sobre o tórax, imitando a cruz de Santo André. Resignação e humildade.

No Brasil Velho, casas com oratórios de jacarandá, as inevitáveis orações noturnas, salmodiavam os homens de pé e as damas e donzelas sentadas. Ajoelhavam-se unicamente no ofertório, momento das intenções confessadas. A bênção ao Pai do Céu pedia-se com o braço apontado para o alto, os dedos unidos, mesmo dentro do aposento. Era o gesto terminal das oferendas. Os senhores benziam-se. As senhoras persignavam-se, benzendo-se também. As crianças, incluindo a famulagem, riscavam com o polegar um rude e rápido "Pelo-Sinal". Nas orações em círculo ou andantes, consultando as Vozes, por exemplo, a recomendação básica é não olhar para trás, anulando toda potência da solicitação. Será perdoável o incomprimível riso infantil e das meninas se *pondo moças*, estuantes de seiva impaciente. As rezas comuns no ambiente doméstico murmuravam diante do oratório, fechado se possuísse porta de vidraça. Oração com o *oratório aberto e vela acesa* é apelo desesperado em hora de aflição. Todos de joelhos. Nas rogativas supremas. *Senhor Deus*! *Misericórdia*! a entoação vai acima do diapasão normal, quase o *Bradado*. Os orantes permaneciam genuflexos sem desfitar o "oratório aberto", clareado pelas chamas trêmulas, nas tempestades estalantes e desvairadas, ameaças de assaltos, notícias apavorantes de "consumição", perda total de fazendas e vidas. Mesmo não rezando, os assistentes punham a mão direita e aberta na altura do coração. Posição de reza muda e confiança. Fé integral. Significa um juramento mímico, compromisso expresso de lealdade valorosa. Com a *mão no peito* ninguém será capaz de mentir, afirmando o gesto a presença da viva Consciência.

As orações judaicas na Sinagoga são recitadas com acentuado balancear do busto ou apenas da cabeça, oscilando em vênias intérminas. A posição, denunciando a *raça de nação*, alertava o Santo Ofício que recomendava atentar para esses fiéis ao ritmo da Lei Velha. Transmitiu-se aos muçulmanos. As preces tradicionais das famílias católicas no interior do Brasil, reunidas no fervor da "Santa Obrigação", terços, rosários, ladainhas, sussurradas diante dos oratórios, com os devotos em situação cômoda, pela insistência monótona dos infindáveis recitativos, provocava efeito hipnótico, motivando o maquinal cochilo no cabecear que o *Monitório* de 1536 proibia. Era fatal a advertência imperiosa das velhas donas: – "Direite a cabeça, menina! Parece um judeu!". Nunca haviam visto um judeu orando, mas a fama secular atravessava o Tempo.

* * *

Perdemos a herança da Cortesia espontânea e antiga, ornamental e legítima. Das singelas vênias expressivas às nítidas curvaturas no ângulo de 45°, quando os botões traseiros da casaca ficavam ao nível da nuca cortejadora. Desapareceu a meticulosa e severa Etiqueta ao Imperador, Ministros, Autoridades reluzentes, do General fardado ao Juiz togado, do Bispo Diocesano ao Vigário da Freguesia. Sobretudo, das altas para as humildes categorias sociais. Saber tirar o chapéu! Acenar a mão aos aplausos! Curvar a cabeça aclamada! A suficiente majestade dos gestos naturais. As derradeiras testemunhas do *Old Good Time* sentem o *dissipar-se*, ou a evaporação equivalente, das exigências litúrgicas no decorrer das festas religiosas. Dos sacerdotes no altar-mor aos fiéis atentos pela nave, as correspondentes mesuras são breves, baças, bruscas, como quem se liberta de encargo opressivo. Não lembro cerimonial no 15 de agosto na carioca Glória do Outeiro mas qualquer solenidade de orago numa Sé provincial.

Mesmo nas Matrizes e Capelas do litoral, agreste e sertão de outrora, com as saudações das velhas devotas aos vultos e efígies sagradas, inesquecíveis de gravidade, precisão, consciência dos respeitos devidos aos altares, Mor e laterais. Agora, a reverência consta do mínimo essencial. Nem desrespeito nem submissão. Inexpressiva e lógica como um endereço postal.

* * *

As orações na igreja ou em casa, públicas ou particulares, dirigiam-se ao Céu por intermédio de posições físicas tradicionais que a todos pareciam condicionar a impulsão. Essas posições, através de séculos brasileiros, tornaram-se indispensáveis como o tubo de aço para a ascensão dirigida por projétil. Uma espécie de pontaria mística. Não atinjo considerá-las, pela insistência na continuidade, atos possessivos, que Freud aproximou dos ritos litúrgicos, denominando a Religião uma "Neurose possessiva universal". Todos os gestos reproduzidos uniforme e repetidamente, habituais na profissão ou exercício do culto, caracterizam uma Neurose Coacta? O cerimonial mantido no Tempo é uma sucessão de gestos simbólicos estereotipados pela convenção. Toda festa pública é um conjunto de formalidades. Constituindo-lhe a própria finalidade. As revoluções políticas de expressão mais violenta, demolidora, radical, apenas substituem as pragmáticas anteriores pelas novas fórmulas doutrinariamente coerentes. A imposição dos gestos apropriados continua no imperativo categórico da intenção reverente aos Deuses ou aos Homens vitoriosos. Não será neurose mas complexo instintivo de legítima defesa, pessoal e coletiva, na conquista da proteção eficiente ou custodiante simpatia, preservante de todas as angústias. *Vous savez qu'on ne s'appuie que sur que résiste* disse Andrieux a Napoleão. É o caminho ascensional na montanha. Volteando e subindo.

Há de verdade o Povo mantendo, proporcional à utilidade mágica, esse patrimônio da mímica oblacional, rara mas viva nos exemplos constatados vulgarmente. É uma presença arcaizante na fidelidade minoritária e teimosa ao lado das modificações contemporâneas. Umas e outras cumprem a missão votiva ao interesse humano. Todas têm sua lógica incomunicável e evidente. *Pero que las hay, las hay...*

Com o Diabo no corpo

A ordem ortodoxa contemporânea desmoralizou Satanás, explicando a impossibilidade da possessão. Vitalícia ou intermitente, espontânea ou provocada, o Demônio não mais pode alojar-se nas almas, embora os quatro Evangelistas hajam dito o contrário. A Igreja Católica restringiu o uso dos exorcismos, equivalendo proibição a esses processos para o despejo litúrgico do Maldito desde o interior do edifício humano, onde assumira a irresponsabilidade consciente da orientação fisiológica. Por causa dessa locação indébita, quanta gente estorceu-se e rechinou nas fogueiras do Santo Ofício!

O *Povo* não tomou conhecimento da humilhação satânica. Tornou-se apenas raro e fortuito o domínio infernal numa vontade cristã. *Pero que los hay, los hay!* A maior vitória moderna do Anjo Negro tem sido a crescente proclamação teológica e científica de sua inocência funcional na descendência de Adão. O culpado de todos os delitos é a própria vítima aparente. Lusbel não existe e, decorrentemente, não deverá ser acusado pelas insânias delirantes do Estômago e do Sexo, que ele já não possui. Ninguém o teme nas cidades e não será verossímil sua presença no arranha-céu entre os *Inquietos* e as *Ansiosas*, do consuetudinário, na hora em que o avião de jato é mais veloz que suas asas de morcego. Para o interior do Brasil, o Anjo Mau vive e age através de mandatários que muito dignamente o representam nas relações públicas. Ninguém discute pertencer ao Malino a origem de certas ideias, atitudes e soluções no quotidiano social. Apenas renovou, atualizando, os recursos dialéticos na técnica publicitária e persuasiva. O capuchinho Frei Piazza, grande exorcista no Rio de Janeiro de 1910, não teria orações idôneas para as variantes assombrosas da astúcia diabólica nas imprevistas apresentações sugestivas da sedução pecadora. O Pecado é ato mórbido e natural e o único responsável pela enfermidade é o enfermo que se contaminou. A Santa Igreja declinou a jurisdição *in anima*, transferindo-a para a Psiquiatria, que deliberará sobre a Intenção, razão de ser do Comportamento...

Do Chuí ao Orange, olhando lentamente as populações rurais no verismo psicológico, Lúcifer segue a missão melancólica da tentação e do antideísmo obstinado. Está oculto, com o rabo visível nas manifestações legítimas de sua conduta milenar. Por que Nosso Senhor não acaba com o Diabo? A velha Luísa Freire explicou-me: – *Nosso Senhor não pode acabar com um Espírito!* Giovanni Papini não lembraria esse argumento supremo. O Espírito participa da Eternidade divina. O lavrador cético acha que o Demônio somos nós mesmos, com o Inferno no Coração. *I feel sometimes a hell within mysef!*, poetava o doutor Thomas Browne, no tempo amável de Cromwelle John Milton.

Ninguém porá dúvidas à existência do Maldito e à lógica da penetrabilidade e permanência numa criatura batizada. O imutável e clássico *Diabo no Corpo.* Essa é a inalterável doutrina popular, corrente e comum. A Ciência, ai! Ciência! recusará a mediunidade das pitonisas, profetas e escritores psicográficos.

A lição, cinquenta vezes secular, recebida do Oriente, é que a morte súbita indica castigo de Deus, e todas as enfermidades resultam de causas externas, condicionadas ao arbítrio de um Demônio. Cada doença possui o seu *Daimôn* privativo cuja expulsão restabelecerá a saúde anterior. Despedir compulsoriamente esse gênio malfazejo é de pura e restrita competência sacerdotal. Jesus Cristo deixou amplo documentário evidencial. Tradição das Religiões históricas, as mais remotas da fabulosa Ásia. Iavé socorrera-se de epidemias para atemorizar o faraó Menéphtat, em vez de inspirar-lhe obediência reverente. As Religiões orientais elucidam o complexo epileptoide, convulsivo, alucinante, como uma possessão de entidade perversa e superior porém respeitosa às fórmulas de repulsão, valendo intervenção dos deuses benéficos e protetores. O Endemoninhado, quase cinco mil anos e parcialmente resistindo na crendice coletiva, afirmava presença de um Demônio, combatível na exclusiva terapêutica mágica, ritualística, sagrada. O exorcismo constituiu prática vinda aos nossos dias astronáuticos, com raízes apostólicas e seiva imprevisível no Tempo: (*Rituale Romanum*, Ratisbonae, 1929, "Ritus xorcizandi obcessos a daimonio", 341). Nos cursos dos Seminários católicos, estudante recebia o título de "Exorcista" logo no segundo ano teológico.[1] A insistente desordem mental, ilusões sensoriais, linguagem desconexa, incoerência e violência mímica, injustificada excitação. O histerismo dramático de Charcot caracte-

---

[1] No primeiro século da divulgação cristã, o título de *Exorcista* constituía dignidade suficiente e denominadora: – *vi si legre l'iscrizione de um* Gelasius Exorcista *con la fórmula* Deo Gratias: O. Marucchi, *Guide del Cimitero di Domitilla*, 53, Roma, 1925.

rizava o sindroma satânico, a posse do Diabo. Expulsá-lo era o mais santo e prestigioso dos poderes, demonstração da autoridade ministerial. Outrora a catequese era uma vitória sobre o Demônio. As pesquisas psiquiátricas evidenciaram que o endemoninhado é um neurótico. A Teologia arquivou as comprovações pretéritas, e concordou. O exorcista quase cancelou a função ante o desaparecimento do motivo criador do exercício. Essas conclusões, porém, são consequências letradas, especulativas, intelectuais. A impressão popular continua sendo oriental. O doido é um espírito entre a Terra e o Céu. Tratá-lo com remédios será medicar a um cego com caretas.

O Povo, como Gilbert Keith Chesterton, acredita no Diabo!

Rogar pragas

Não conheço pragas indígenas e africanas no uso brasileiro e sim portuguesas. Diretas, adaptadas, sugeridas por associação mental. A expressão *rogar pragas* evidencia ser indispensável a suplicativa da intervenção divina para realização do desejado malefício. Corresponde ao *Imprecatio* em Roma, dirigido às Fúrias, ou às Erínias gregas, deusas da Vingança. Meyer-Lübke deduzia Praga de Chagas. E praguejar seria "jurar pelas chagas". Difícil ajustar esse critério às sete plagas do Egito (*Êxodo*, 7-10). A imprecação envolve a imagem de quantidade, abundância, visível na linguagem vulgar, provinda do *Êxodo*: – praga de formigas, gafanhotos, mosquitos. Conjuntamente a devastação, massacre, extermínio. "Deu uma praga nas roseiras." Plaga, praia: (*Locuções Tradicionais no Brasil*, 150, UFPE, 1970). Não tenho combustível para a elucidação etimológica.

Há centenas de exclamações de mero desabafo sublimador: – "Vai p'rós Infernos! Diabos te carreguem! Te soverta nas profundas!". (*Números*, 16, 31-32). As verdadeiras pragas implicam a forma recorrente, "Deus permita, Deus seja servido, Deus queira", condicional incluindo a cumplicidade onipotente. Deus será o responsável na punição do culpado. "Morrer sem vela! Morrer sem sacramentos! Não ter terra para o enterro! Morrer largando os pedaços! Deus te cegue da gota serena! (Amourosis)." A maldição é indeterminada, cabendo a Deus a eleição da penalidade. "Amaldiçoado sejas do Padre, do Filho e do Espírito Santo! Amaldiçoado sejas de Deus e da Virgem Maria!" Os estudiosos do assunto, Büchthold-Staubli, Beinhauer, Olaf Deustschmann, manejam mais bibliografia que exemplos colhidos no Povo, como: – "Que morras de sede dentro d'água! Que não tenhas a quem abençoar! Urubu há de comer tua carniça, Excomungado!". Execração para o defunto insepulto, a mais temerosa penitência a uma criatura humana: (*Dante Alighieri e a Tradição Popular no Brasil*, "O Morto sem túmulo", PUCRS, 1963).

O *Nome* é uma potência mágica: (*Anúbis e Outros Ensaios*, "Nomem, Numem", na primeira parte deste volume). Sua enunciação, intencional e veemente, pode recriar quanto significa na essência. O *Schem Hamphorasch* dos rabinos. A palavra dá corpo ao que representa: (J. G. Frazer, Max Müller, doutrina da Cabala etc.). A Tradição indica posições e horas para a eficiência das pragas: (Ver XXII). Naturalmente existe o *Boca de praga* (Camões, *Filodemo*, Jorge Ferreira de Vasconcelos, *Ulisipo*), de conjuros e maldições obedientes aos alvejados distantes. Também vibra o rifoneiro consolador. "Praga de malvado não passa do telhado! Praga de urubu não mata cavalo! Praga de sapo não faz chover!" Se praga matasse não havia soldado. Praga não serve mas ajuda a raiva.

Da teologia popular

Au-dessous de la théologie scientifique, il y a eu, dès les premiers siècles, il y a encore aujourd' hui une autre théologie, celle du peuple.

Louis Coulange

*H*á, evidentemente, uma Ciência de Deus entre o Povo. Um critério uniforme na apreciação dos acontecimentos grupais e atitudes isoladas rege uma inflexível classificação sentenciosa, apoiada no consenso da comunidade. Expressa-se no infinito acervo rifoneiro, divulgando o julgamento divino para os atos humanos. Ao contrário da presunção teológica: teimosa, louvável e contraproducente, o raciocínio popular nega formalmente que a Razão esclareça os desígnios do Criador, como não é crível a criança compreender todas as determinações paternas. Fora da lei da gravidade, o Homem é uma criança vaidosa nos assuntos dos seres sem peso e órgãos fisiológicos. Intervém o Orgulho convencendo-se da inexistência do Mistério, e provando que a Divindade não consegue ocultar-se inteiramente na própria Onipotência, *sempre escondido e descoberto sempre*, como na *Meditação* do Padre José Agostinho de Macedo. O Povo, sem cerimônia nenhuma, limita a Sabedoria metafísica sem humilhação para a precariedade da cogitação humana. *Só quem sabe é Deus!* Acabou-se! Tratemos de viver folgamente nas áreas da permitida jurisdição.

O Homem, porém, sente inveja de Deus, e a história da Ciência especulativa é a crônica dos seus assaltos conquistadores. A Teologia é um processo de incorporação do Infinito às limitações do Entendimento material, submetido aos órgãos falíveis da Percepção. Para o Povo, Deus não deve *dar satisfação* a ninguém.

Jesus Cristo doutrinou através de alegorias, comparações, parábolas, curva com as extremidades tocando o mesmo plano, traduzindo-as aos ouvintes, clareando a elementar assimilação do auditório. Séculos depois, entre três e quatro, atinou-se com o dever sacerdotal de explicar os atos divinos, justificando a Onisciência ao primarismo da raça de Adão. Tornou-se a Teologia uma serva diligente na informação, dispondo os argumentos em serviço do Homem. O avô deve desculpar-se ao neto pela existência do pai. Os grandes Reis realizaram sem a compreensão coletiva. A Apologética e a Patrística deram à Teologia a missão submissa do Criador à Criatura. Esse é o clímax diferencial entre a Teologia do Povo e a Ciência de Deus, dos teólogos. Deus "explicado" é Deus diminuído, constrangido nos padrões da compreensão terrena. O Povo não *sente* que Deus careça de desculpas e que a Fé possa dever alguma parcela de obediência à massa cefálica. Quando não entende, decide que não é para entender o gesto ou palavra de Deus, emprestando-lhe dependência ao nosso raciocínio. *Deus est stultissimus!*, disse Lutero num dos seus sinceros *Tischreden* (nº 963). Deus era estulto porque o Reformador ignorava seus desígnios. Não concordava com a rota. Não será amado se não for entendido? Amor e *entendimento*? A Fé deverá algo mínimo à Inteligência? No Povo a Fé cimenta-se numa simplicidade racional que alegraria a Santa Teresa de Jesus. Quando Deus quer ser entendido *lo hace sin trabajo nuestro*. Não encontrar explicação é reconhecer a fronteira inevitável do Incognoscível. *No es para mujeres, ni aun para hombres muchas cosas*, escrevia Teresa, quando Mem de Sá governava o Brasil. Cada vez mais essa virtude de obediência intelectual evapora-se na alma contemporânea. Não escolhemos os Pais mas devemos escolher a Deus. Não serviremos! sem que Deus justifique as credenciais ao nosso afeto. Lúcifer disse mais ou menos essas palavras. O Povo não discute. Manda quem pode, na ambivalência de Deus e Pai. Não preciso entender o Brasil para continuar sendo brasileiro. *No hinche su deseo*, aconselhava a Santa de Ávila.

A Vaidade não se conforma na situação de Rei sem a capacidade legislativa para o Extraterreno. Para suportar a humilde prioridade de *Sapiens*, maneja as soluções de negar o Divino ou recriá-lo à sua imagem e semelhança funcional. A fórmula popular é obedecer a Deus sem pretender minimizar a ordem recebida. Cumpri-la mesmo sem participação psicológica. Santa Obediência. O dever de explicar é um direito de insubmissão espiritual. O Capitão Francisco José Fernandes Pimenta, irmão de minha Mãe, pequeno agricultor sertanejo, afirmava nos desabafos: – *Eu sei lá o que Nosso Senhor quer!* Podia não perceber o programa mas sintonizava os prefixos identificadores da divina emissão.

Possuíam menos o exercício do culto litúrgico que a consciência de uma mentalidade religiosa, antiga, exata, formal. Essa "mentalidade" não sugere atmosfera ou clima alteráveis pelas sucessivas descargas meteóricas. É uma paisagem secular, modificando-se para desaparecer através das transformações atualizadoras, constantes e parciais, desfazendo o venerando aspecto primitivo, formado pela superposição e seleção divinatórias no Tempo.

Aí está o segredo do bom humor popular e da constatada e triste inquietação letrada. Já não pode transferir para Deus a solução dos problemas inconfessáveis. *Numa cabeça melancólica o Diabo toma seu banho!*, dizia o Doutor Martinho Lutero, mandando Satanás ir solicitar a Deus respostas às dúvidas que lhe suscitara. Essa impenetrabilidade ao desânimo era o fundamento do camponês saxão na alma do Reformador. O Povo reproduz, imperturbável, uma argumentação aposentada mas eficaz e justa para ele. Não é Ignorância. É Convicção. O meu engraxate preto, analfabeto, da Avenida Tavares de Lyra, resumiu suas impressões sobre a "alunissagem" do Apolo XI com a simples frase: – *Poderes de Deus!* Não é a mesma no Cabo Kennedy. Que tem Deus com a astronave? Nada! Para o Povo, tudo! *This is question, Horatius...* Sendo "poderes de Deus" a perspectiva para a invenção humana será infinita e com todas as probabilidades do êxito.

Essa ciência é sempre cristã mas irreformada no Tempo. Conserva crenças que vários Concílios condenaram mas eram comuns e legais antes deles. Um professor brasileiro em Paris disse ir visitar no Père Lachaise o túmulo de Abelardo e Heloísa. Um colega francês advertiu: – *Mais il n'est pas authentique!* O brasileiro foi, explicando-me ao regressar: – "É opinião dele! Esses franceses são muito egoístas!". As pesquisas eruditas e negativas ao sepulcro de Abelardo seriam unicamente *opiniões*, aceitáveis ou não. Todas as decisões pontificais arredando do culto certos Santos velhos serão para o Povo, *opiniões!* A infalibilidade papal não vulnera a predileção popular. Nem mesmo sabemos do segredo das suas preferências. Nenhum legislador, religioso ou civil, poderá determinar novas ou afastar as antigas. Imutáveis heranças antidiluvianas! É o pensamento de Hoffman Krayer: – *The people do not produce; they reproduce!* Corolário ao anterior Gustavo Freytag: – "A alma de um Povo não se civiliza!". A parafernália cultural não influi e sim adapta-se à mentalidade coletiva. Franceses e alemães, ingleses e espanhóis, italianos e portugueses serão eternamente paralelos e não convergentes. Os Povos de ontem, no continente americano, são inconfundíveis. As classes letradas valem invólucro. Vistoso e mutável. Sobre essa superfície é que incide a policromia literária, no interior, o complexo homogêneo, espesso, maleável sem que mude a substância real, guarda a surpreendente unidade.

O Povo não possui uma Fé indagadora, inquieta, intermitente. Não há curiosidade modificante ou dúvida infiltradora. Não sugere fonte mas poço, água sem renovação e movimento mas útil e potável, embora incapaz de ultrapassar o limite definitivo da impulsão. A despreocupação divulgadora não é indiferença mas suficiência tônica. Não sente necessidade de fazer circular o capital idôneo para satisfazer-lhe a tranquilidade mental. Não atenta para a Sabedoria alheia porque a própria mantém a combustão interna, iluminando sem ofuscar e aquecendo sem asfixia. Não alude ao que crê porque considera bastante para a vida o cabedal guardado na memória. Não faz catequese nem participaria dos *Conciles bruyantes*, lembrados por Monsenhor Duchesne. A Fé será essência-tabu, evaporável na constante exibição. Esse patrimônio, não exposto aos turistas dos inquéritos-relâmpagos, garante-lhe o metabolismo basal no dinamismo religioso, regular, invisível, indispensável, como o ritmo da circulação fisiológica. "Meu copo é pequeno mas bebo no meu copo." Convenceu-se de qualquer acréscimo ou diminuição, constitui um assalto mutilador. *Nihil varietur.* Defende, inconscientemente, uma Teologia básica, desinteressada pelas especulações casuísticas e debates em círculo-fechado, rodando no mesmo perímetro metafísico. Todas as questões inexplicáveis são evitadas por pertencerem ao divino privilégio do Mistério. Não se sente humilhado pela ignorância porque lhe denuncia ter alcançado a fronteira imperscrutável da suprema Ciência, definitiva mas incognoscível. São assuntos de Deus e as crianças devem respeitar as reservas paternas. A iniciação é a Morte. Para o Morto não haverá segredos. Na Terra, o Homem já possui abundantes preocupações para a sua duração existencial. Aliás a Teologia, pura arquitetura do Espírito, sem o material da Experiência e da comprovação, sempre constituíra o esplendor intelectual de insignificante minoria, operando em reduzido território de expansão, no Tempo em que a Dialética era a mais elevada das ciências profanas. Um Rei de Yvetot, habitando Versailles.

Que sabe o Povo da Predestinação, Livre-Arbítrio, problemas eucarísticos, operações da Graça, a Trindade abismal, a inesgotável e tornejante retórica sobre os Dogmas definidos? *Credo ut intelligam*! Crer para compreender. O melhor, concordar. A Fé procura a Inteligência, diziam os escolásticos, como a luz é perseguida pela sombra. Unir-se-ão quando o Homem deixar de respirar. Sol no zênite. O Povo nenhuma ideia imagina desses encantos minoritários. Tem uma Fé de antes, durante e posterior aos Concílios e a Patrística. Fé alimentada pela imobilidade da análise. Pura, intacta, virgem, no seu castelo impenetrável aos demônios da Dúvida. Fideísta! *La croyance des masses a toujours èté fideiste*, deduziu *Felix Sartiaux*. A Deusa Razão, entronada em Paris, era uma atriz. Antes e depois "representou" curtos "papéis", vale dizer, emoções, figuras, convenções. A Fé popular não tem problemas porque é uma barra de ouro insusceptível da divisão em moedas do interesse miúdo e diário. Garantia vitalícia. Fideicomisso. Que lhe dará a "Ciência" em troca da tranquilidade espiritual?

Ignorante! Mas o Povo *sabe* o seu caminho religioso e a superioridade está em dispensar os atalhos e o falacioso conselho de pisar a estrada real, comum e larga, do indiferente latitudinário. Não sofre porque desconhece a Tentação! Porque não aceita a sucessão motora pelo imobilismo sereno, *sabendo* não valer compensação. Não aludo aos bens materiais, humanamente desejados, mas ao sentimento, melhor, a Consciência da Fé. *L'ignorance mêne au mêne résultat que le science*, escrevia J. K. Huysmans. Místico sem êxtases, liberto do racionalismo explicador sucessivo. *La Sagesse nas envoie à l'enfance*, escreveu Pascal. Na infância há uma explicação para todas as causas.

O prestígio das antigas "Santas Missões" evidencia-se por essa *consciência* que lhe impunha reconhecer a prática pecadora, corrigindo-a, notadamente no âmbito doméstico, concubinagem, teimoso mancebio, assustado pela denúncia pública de voz extremista do frade. *Les moines sont facilement extrémistes*, anotou Albert Houtin. Não quer dizer que se corrigisse para o futuro. Tornada a manceba em esposa, ausente o "Santo Missionário", reincidirá contra o sexto mandamento, arranjando outro *encosto*. A "Santa Missão" reacenderia o lume das orações, fazendo-as habituais por algum tempo, terços, ladainhas, "Ofício de Nossa Senhora", jejum da Semana Santa, alguma restrição no trabalho dominical. Dizer menos nomes feios e praguejar. O Povo não blasfema! O fundamento disciplinar era a existência do fermento fideísta, trazido à ação pelo trovejo capuchinho.

* * *

Moral? É a do Antigo e não do Novo Testamento. Reciprocidade na base da convivência. Os direitos crescem relativamente à extensão da Autoridade. O Pai de Família e suplente de Deus. A Mãe reina, mas governa unicamente os afazeres domésticos. É ouvida mas nem sempre atendida. Sente a inferioridade de sua jurisdição, como parecia a Santa Teresa de Jesus (1576): – *aunque las mujeres no somos buenos para consejo, alguma vez acertamos*. Mulher em casa e homem na praça. Este não deve imiscuir-se nos assuntos femininos, nem meter-se em copa e cozinha. Manda da sala para a rua e a mulher (esposa), do corredor para dentro. Compreendem as transformações que o Tempo imprime aos costumes mas o preceito julgador será imutável. Faca muda o cabo mas não muda a folha (lâmina). Só se dispensa o substituível.

Castidade? Nas fêmeas. No homem "nada pega". O pecado sexual Deus deixou no Mundo porque fez os membros apropriados para a fecundação. Só se peca porque *Ele* permite. O maior crime é o roubo. O assassinato é justificável e o furto nunca. A traição é a sujeira repugnante numa criatura. A ingratidão, esquecimento dos benefícios, é defeito da carne fraca, assim como a mentira, mas o *falso* é por todos condenado. Continua o horror ao incesto, atingindo afilhadas e comadres.

Nenhum homem do Povo acredita ou compreende o celibato clerical. Nem mesmo acredita na pureza do sacerdote nos assuntos de *pega-mulher*, senão excepcionalmente. Fora do altar, são homens como os outros. O vigário com sua amásia e filhos, teúdos e manteúdos, nada diminuía no plano da autoridade consagrada. Os 90% dos graves Vigários-Colados deixaram descendência. Exige-se do padre a fidelidade infalível aos deveres da assistência cristã. Os Vigários Velhos foram de dedicação inexcedível. Decorrentemente, a mais alta e suprema decisão, inapelável na freguesia. O sermão, "prática", era dispensável. A eloquência dos Vigários Velhos, precária e lerda, seria suficiente. A missão apostólica exercia-se nas conversas, conselhos, admoestações. "Vá conversar com o Vigário" valia recorrer a uma entrância máxima. Certamente um sacerdote de costumes austeros, puro sem ostentação e trombeta, é respeitado com admiração.

Mas a impaciência carnal de um outro presbítero não altera a dignidade do estado. Em Natal, os dois vigários adorados pela população, até o fanatismo, foram diametralmente opostos em atitude sexual. O Vigário Bartolomeu (1813-1877), com larga e notória família, suspenso de ordens por D. Vital por não abjurar a Maçonaria em 1873, e o Vigário João Maria (1848-1905), casto como um anjo, canonizado pelo Povo, recebendo diariamente um culto público no seu busto em bronze na praça do seu nome, detrás da Sé, sua Matriz querida, são os modelos reais. Ambos, apóstolos da Caridade, generosos ao sacrifício pessoal, não tinham horário nem temiam intempéries no socorro aos necessitados. Bartolomeu Fagundes e João Maria Cavalcanti de Brito venciam quilômetros a pé, debaixo de chuva, a qualquer hora, para confessar um mendigo que morria num rancho de palha no meio do Areal ou nos cafundós do Alecrim. Para o interior o critério popular é inteiramente semelhante. Provoca irritação, comentário ácido, impopularidade crescente, é o comportamento lascivo e dissimulado, o padre namorador, excitando às "inocentes ovelhas", numa deslealdade aos fiéis que amam saber a veracidade dos atos íntimos dos seus orientadores, religiosos ou políticos. O Homem público é do Público. Cumpra-se a tradição.

A visão da autoridade condiciona-se à exibição dos atributos simbólicos. As insígnias da função oficial. O Rei deverá ostentar coroa. *Reis croado!* é o pregão da legitimidade. *"São Francisco é Reis croado/Na Matriz do Canindé!"* Árvore não se conhece pelos frutos mas *on juge sur son écore*. O padre é o paramentado, oficiando no altar. Autentica a missão sagrada a função ostensiva, pública, privativa dos ungidos. Saindo da igreja, é um pecador igual aos demais, com as mesmas fomes e tropeços. O Povo compreendia mas não aprovava a punição eclesiástica, interrompendo o ministério. O Padre Esmerindo Gomes, suspenso de ordens, era constantemente procurado pelos sertanejos de Santa Cruz para realizar os atos religiosos de que estava proibido, mas os paroquiados não concordavam. A prevaricação ao sexto mandamento não afeta a obediência primordial ao primeiro. A cópula consentida é perfeitamente lícita. Para isso Deus aparelhou os dois sexos. Crime é a violência carnal, o estupro, coito forçado, ou a posse pela conquista lenta, gradual, envolvimento sedutor, despertando sabiamente o ardor adolescente, embriagando-o pelo desejo ansioso. A castidade é um compromisso entre o padre e Deus. O povo não participa nem fiscaliza o liame obrigatorial. Interessa o exercício exato do "Santo Ministério" na comunidade, indistinto e contínuo, e não a continência privada do sacerdote. Numa reunião do clero realizada em Ponta Negra, arredores de Natal, janeiro de 1957, presidida pelo então Bispo auxiliar D. Eugênio de Araújo Sales, agora Cardeal-Arcebispo do Rio de Janeiro, expus claramente essa paisagem verídica, resultado de indagações teimosas e leais.

* * *

Entre esses homens não se conversa assunto religioso. A Fé, uma raiz profunda, não aflora à superfície do solo quotidiano, pisada pelo comentário banal. Vive, imóvel, sadia, vigorosa, no resguardo da memória silenciosa independendo de exposição. Não se diz *Deus* senão raramente, e sim *Nosso Senhor*. O título proclama o domínio absoluto. É um sentimento poderoso e tão sagrado que a menção verbal parece diminuí-lo. As mulheres, naturalmente mais loquazes, evitam divulgá-lo, sentindo a profanação. Seria expor o oratório doméstico ao desrespeito das feiras. Refiro-me a Fé.

Creio que as mulheres orem ao dormir, e os homens não. *Padre-Nosso, Ave-Maria, Salve-Rainha* são usuais, necessárias, básicas como no século XVI. O terço é valioso mas "pagando promessa" porque já não existe o costume de rezá-lo constantemente. Ainda resiste nos sertões prestigioso no poder comovedor da Divindade. As velhas sabiam a *Magnífica* e o tradicional *Ofício de Nossa Senhora*, infalível quando recitado pela madrugada. Não há, evidentemente, livro de orações e as impressas, avulsas, como voga momentânea, são pregadas no interior das janelas. As portas reservam para as invocações à Cruz e ao Santíssimo Sacramento. Defendem as entradas da residência. Os Drs. Artur Neiva e Belisário Pena encontraram no interior da Bahia, Piauí, Mato Grosso, cruzes pintadas no exterior das moradas afastando as epidemias (1912). Os analfabetos amam os símbolos gráficos, cruzes, estrelas, meia-lua, e as efígies dos "Santinhos", em lugar visível. A Cruz é a mais popular defensora da Peste, Fome, Guerra, respeitada pelos fantasmas e temida pelos Demônios.

A ausência da oração labial não implica que os homens ignorem a "mental". Creio pouco. Nunca percebi os gestos preparatórios e denunciantes da prece, a *reza*, como dizem. Devem "pensar em Nosso Senhor" antes de adormecer. Certos silêncios sugerem recolhimento, a breve expedição de uma rogativa ao "Pai do Céu". As mulheres é que não sabem dissimular quando oram. Posição adequada é indispensável. Os lábios murmurantes. Oração calada não é do exercício feminino. Em casa, ajoelhar-se é *oferecer* súplica urgente. A genuflexão é a atitude de suprema contrição devota. Não se conhece a prosternação monacal. Os homens fazem somente o "Sinal da Cruz". As mulheres persignam-se e benzem-se, com o *amém* tocando o indicador na boca. A saudação ao altar, despedindo-se, é ajoelhar-se, com o rápido benzer-se. Os homens curvam a cabeça numa simulada inclinação suscinta. Moças e damas costumam estender o braço pedindo a *bênção* ao altar-mor, onde está "Nosso Pai". Então benzem-se, antes de deixar a igreja. As Donas ajustam a saia e as Donzelas o cabelo.

O Catecismo, de ouvida pouco provável no velho Mundo agrário e orla marítima, não constituiria fermento para a levedura da massa doutrinária existente na retentiva popular. Nem as respostas do Catecismo atendiam a vastidão da curiosidade plebeia. Os Dez Mandamentos da Lei de Deus foram antigamente de citação obrigatória. Idem, os Mandamentos da Igreja, de menos frequência, ora ignorados pela juventude circulante. O interesse instintivo seria possuir o cabedal para retorquir, interpretando os episódios de evidência mais palpitante. As respostas denunciam a profunda existência do que carecem os níveis mais altos de cultura – a Convicção! Parecem às vezes pueris, talvez galhofeiros e mordazes, expressões do raciocínio individual, mas indicam a solução realística do conceito plausível e justo a *lo divino*. Geracina, lavadeira de meus pais, ouvindo comentar a dissolução de um casal rico e briguento, sussurrou para mim: – "Nosso Senhor perdeu a paciência". As aparições de Nossa Senhora pedindo penitência e contrição aludem a impaciência do Filho pela insistência pecadora dos homens. O pescador Chico Preto (Francisco Ildefonso), de Areia Preta, praia atlântica de Natal, justificava a ausência de peixes pela presença das banhistas ansiosas. O *suor do pecado* contaminava as águas afugentando o pescado. Até 1914, recanto escondido e modesto, com a linha das choupanas residenciais, Areia Preta fora porto de jangadas pesqueiras. Gregos e romanos proclamavam o contágio poluidor dos vícios sociais nas "águas do Mar sagrado". A cozinheira Nicácia, octogenária, sobre a morte de um notório Don Juan perturbador, deu o despacho de jurisdicidade infalível: – "Deus consente mas não para sempre!". O conhecimento divino guarda o mistério da intervenção oportuna e punidora. Bibi (Luísa Freire), analfabeta fornecedora do texto para o *Trinta Estórias Brasileiras* (Porto, 1955), disse essa frase inimitável: – "A doença é uma lembrança de Deus!". Carolina, preta gorda, vivendo da caridade alheia e acidental, resumiu: – "Para não pecar é preciso morrer!". Quando lhe perguntei: – "Até os Santos?", contestou: "É. Os Santos não se confessam?". Sobre a tendência sexual, persistindo na velhice, o pedreiro Zé Romão sugeriu: – "Só capando os pensamentos!". Depois de escutar um sermão patético de grande pregador, o patrão de bote Manuel Claudino opinou: – "Ele fala em nome de Nosso Senhor mas não mostra a procuração!". Mestre Filó (Filadelfo Tomás Marinho), que em 1922 comandou a frotilha de pesca de Natal ao Rio de Janeiro, merecendo longo poema de Catulo da Paixão Cearense, observara: – "Toda a gente quer corrigir os erros dos outros!". Zacarias, negro esquelético, gago, amalucado, mendigo, defendia-se: – "Peço esmola mas não peço bom proceder!". A mendicidade não é função humilhante e criminosa. O trabalhador de uma pedreira em Macaíba envelhecido no ofício, confessava: "Acho que no outro mundo vou fazer pedra de curisco!". Simão Lourenço, carregador de rua, notava: – "A diferença entre rico e pobre é só dentro do bolso!". De Antônio Xinin, engraxate: – "A lição do homem é no que faz e não no que diz!". Ainda. "Língua do Povo fura qualquer pedra!" "Quem anda no seu caminho não esbarra no dos outros!" "Às vezes Nosso Senhor faz que não vê, vendo!" Finge ignorar a prevaricação. "O homem entorta o que Deus fez certo!" O Povo ama os ditos sentenciosos, sínteses da longa elaboração íntima.

Não os comenta nem justifica. Visível a intenção moral. Dito é a frase de caráter axiomático. Sincera e curta. "Foi dito e feito!" A paremiologia popular, em maior percentagem, é um código de ética do comportamento. As origens são longínquas, variando o vocabulário da apresentação recente. A memória conservou esse patrimônio porque concordava com ele. É uma orientação religiosa às repercussões da vida diária. *Paideuma*, autoinstrução anônima e contínua. E sob esses modelos decorre a inspiração conceituosa e obstinada. Ilusão pensar que a memória do Povo se desocupa dos julgamentos às motivações quotidianas no plano da apreciação moral. *Si vous pouviez causer avec ces pay-sans et ces illeettrés, vous seriez surpris des reponses souvent protandes que ces gens vous feraient*, escreveu J. K. Huysmans.

* * *

A inteligência quanto mais culta mais indecisa e receosa em definir a ontologia e enteléquia das coisas. Sente em cada afirmativa o cortejo das argumentações contraditórias. Os enigmas da sobrevivência humana, Penologia e compensações além-tumulares, Deus e seus códigos na valorização da conduta terrena, amplitudes e limitações no trânsito dos seres imateriais, anulam as dimensões lógicas dedutivas, impondo a dialética específica das convenções. O homem do Povo não atravessa o labirinto dos raciocínios adversos, negativas aos dogmas da própria conclusão, restrições formais imobilizando as soluções de sua hermenêutica. Tem o Espírito Santo das definições indiscutíveis e reais. Possui a Consciência da Certeza. As razões em contrário são despautérios, indignos de qualquer atenção. Ouve por uma cortesia, respeito, homenagem afetuosa, como as narrativas infantis. Nada vulnerará a base maciça da Confiança hereditária. Depois de ouvir, entendendo em parcimônia a exposição eloquente, dirá aos familiares, superior e tranquilo: – "É conversa dele!". Esse patrimônio fundamenta a segurança espiritual, indene e acima das angústias da indecisão e Desconfiança. Não teme a Morte. Apenas tem medo de morrer, enfrentando a batalha orgânica dos derradeiros transes agônicos. Daí em diante já não há segredo para as vicissitudes da última peregrinação. Onde começa o mistério para o intelectual, inicia-se a constatação para o Povo.

* * *

Os fiéis típicos pertencem às populações fixadas nas regiões de plantio, pastoril e praias de pesca no Atlântico. Lavradores, vaqueiros, criadores de miunças, pescadores, esparsos nas casinhas de taipa e palha de coqueiro ou carnaúba, bebendo água de cacimba, comendo peixe ou bode seco. "Bode", pelo interior do Nordeste, também significa farnel, matalotagem para jornadas, longo serviço de *dar campo*, pescarias *do alto*, mais de um dia com terra *assentada*, o horizonte no Mar. Nessas paragens o sacerdote aparece *por fruta*, casando os esquecidos, confessando os lerdos, batizando os inocentes. Dinheiro escasso, saúde suficiente, alegria teimosa. Inexplicável "contenteza". Gente espiritualmente autárquica, jantando na esteira, contando estórias ao anoitecer, criança vivendo os brinquedos de outrora. Um dos refúgios da mais pura literatura oral.

Decorrentemente à prática religiosa, Santos *da fiança*, promessas e rogos do século XVIII, quando os antepassados plantaram os primeiros esteios, enredando os primeiros enxaimés, cobrindo o arcabouço com as palmas ainda verdes do coqueiral e palmeiral virgens de uso. Comumente é a gente moça que emigra para as indústrias famintas, cercando a cidade de chaminés verticais e fumos negros. As gerações mais novas rumam para falsa terra feliz onde a fartura mora, a cidade tentacular. Serão moradores na cinta suburbana, ajudando a sortir os mercados e feiras com frutas, hortaliças, galinhas, ovos. O replantio não altera a seiva. Foram vozes informadoras, menos por palavras que nos comportamentos naturais, valendo frases mudas. As formas arcaicas do raciocínio religioso seriam sedimentos doutrinários que a semi-imobilidade intelectual conservava na memória. Na proporção que se aproximam do foco vão entrando na área dos ventos uivantes e remoinhos sonoros, "arejando" pela dissipação inevitável. O processo modificador substituirá pela enxertia a primitiva organização conceitual, facilitando as sucessivas "convicções" complementares e provisórias que se tornam básicas... por algum tempo. *But is another story.*

Parecia-me gente respirando antes de 1870, crente que Deus resolvesse pelo milagre os problemas pessoais do recorrente. A Divindade estava em todas as manifestações naturais das coisas vivas, das safras opulentas às trovoadas retumbantes. Inútil esperar silêncio tímido quando se trata de explicar as "obras de Nosso Senhor". Todos têm o dever de esclarecer os ignorantes, mesmo os que ensinam nas Universidades e desconhecem o rasto de Deus na humildade dos insetos e das pedras anônimas. Notável é o desinteresse pela compreensão alheia do interlocutor. Em Portugal, o lavrador Manuel Pedro Marto, pai de um vidente de Fátima, Francisco, explicava sua morte prematura aos 11 anos, numa frase sibilina: – *Iluminação dos comandos!* Essencial é o "despacho", a resposta possivelmente enigmática. Não cumpria à pitonisa esclarecer aos consulentes a mensagem oracular de Apolo.

Surpreendente é a unidade lógica desses conceitos por todo o Brasil popular. Nenhuma discrepância na ética das afirmativas formais, como brotando do inatismo cartesiano. Apenas o vocabulário defende o regionalismo da expressão, expondo imagens naturais da ecologia ambiente. O paroara amazônico e o peão gaúcho não modelam as mesmas frases mas o sopro que as destina ao entendimento parte do quadrante imutável da convicção religiosa. A finalidade é uma humilde iluminação ao passo hesitante do homem, denunciado pela pergunta sarcástica ou curiosa, sempre no plano da informação sobrenatural. A quase totalidade das criaturas credoras do meu afeto não sabia ler mas reproduzia a voz misteriosa e perene de uma Sabedoria sem fontes impressas, insinuações capciosas, impulso de valorizar-se. Ostentação, Vaidade. Importância. Apenas obedecia a uma demonstração sincera de expor o que sabia.

Quarenta anos pesquisei essa floresta humana, de raízes imóveis e frondes oscilantes. Andei sozinho e a pé, como o Conde de Ficalho, pedindo à exibição bibliográfica que me permitisse falar, sem seu auxílio, sobre as evidências constatadas.

A PEDRA NA CRUZ

Na minha juventude no Sertão do Rio Grande do Norte, viajando a cavalo, centena de vezes encontrei as cruzes de madeira à margem da estrada, com os braços cheios de pedrinhas e um montão subindo-lhes pela base. As pedrinhas significavam orações. Ali morrera alguém de desastre ou assassinato. Valiam rústico cenotáfio com o testemunho das oferendas espirituais. Serão vistas da Bahia para o Norte mas certamente em todo o Brasil porque vivem no continente inteiro, incluindo Unalashka, uma das Aleûtidas. Antes da colonização europeia havia o culto da deusa andina Pachamama, espécie de Cibele ou Deméter, atestado pelas Apachetas, montículos de pedras, com folhas de coca, valendo reverências.

Estão em toda a Europa da Grã-Bretanha à Rússia, através dos Bálcãs. Uma pesquisadora da Irlanda informa: – *The custom of marking a place where death occurred in the open by a heap of stones or twigs or grass, to which each passar-by added, sems to have been practised all over the world.* Exatamente, Máire Nic Néill! Recebemos a tradição ibérica em que Teófilo Braga, J. Leite de Vasconcelos, Luís Chaves, Hoyos Sainz, Nieves de Hoyos Sancho, R. Menéndez Pidal estudaram como já o fizera, em meados do século XVI o Doutor João de Barros. África negra e moura, Índico, Mediterrâneo, Atlântico, Ásia, Mesopotâmia, Pérsia, Curdistão, Japão.

Estudos de J. G. Frazer antigos e longos. Registei essa documentária em livro velho, *Anúbis e Outros Ensaios*, dispensando repetição. Na minha província ainda resistem, junho de 1972, nos transeptos das cruzes e sobre os túmulos de procedência trágica.

No Brasil as pedras na Cruz traduzem o pensamento religioso de solidariedade cristã. Os mortos violentamente, em desastres ou desgraças, têm direito às preces repetidas porque não tiveram tempo de preparar a alma para a viagem final e respectivo julgamento. Reúnem-se, entretanto, vários elementos religiosos nesse simples gesto e nenhuma explicação isolada bastará, logicamente, para a compreensão exata do costume hereditário.

Primeiro. O dever da sepultura. Será o primeiro e o maior dos deveres dar sepultura aos mortos. É a honra de Tobias. O cadáver sem a honra fúnebre do túmulo, mesmo sumário, tornar-se-ia um espírito malévolo, fantasma opressor, espavorindo e espalhando terrores. Toda literatura clássica greco-latina eleva o sepultamento como o primeiro dos deveres e era obrigação legal primária, a primeira para todas as criaturas humanas. Enterrar o morto era a inicial. Só os condenados por crimes repugnantes, os réprobos, os sacrílegos, eram privados da sepultura e erravam seus espíritos por toda a eternidade sofrendo os insultos das Fúrias, vagando sem pouso nas margens do Stix. Era imposição do *Jus Pontificum* mandar que se cobrisse o cadáver deparado na estrada com uma camada de pedras o simples *Lapidare.* Assim foram os túmulos antigos. Levar uma pedra ao sepulcro era ato de religião positiva. Cobria-se o corpo de um inimigo, túmulo do Rei de Hai (*Josué*, 8, 29) ou de um príncipe rebelado, túmulo de Absalão (*II-Samuel*, 18, 17).

Segundo. Gesto de homenagem, sentimento religioso e fraternal ante o túmulo na estrada. Convergiam na interpretação, a religiosidade com a ideia universal da transferência da dor, alegria, emoção qualquer, às pedras e aos vegetais. Seriam como memoriais votivos e portáteis. Demonstração oblacional aos Mortos.

Terceiro. Evitação do cadáver e da imagem da morte trágica. O cadáver é símbolo da impureza e todas as religiões obrigavam a purificações a quem tocasse, mesmo inadvertidamente, a um morto: (*Números*, 19, 11: Purificação greco-romana). A explicação do gesto como uma homenagem às estelas de Hermes-Mercúrio raramente é clara e explícita pela complexidade. Os Deuses cobriram o cadáver de Argos, morto por Hermes, com pedras, livrando-se do contato. Essas pedras constituíram as estelas, intencionalmente erguidas ao deus-matador. Inicialmente fora o pavor de morto. Atirar três pedras era afastar um mau presságio: La Bruyère, *Les Caracteres*, 40.

Quarto. Reminiscências do altar rústico, do *Caim*, memorial, *altare lapideum, Êxodo*, 20, 25, marcando lugar sagrado onde houve aliança, compromisso, promessa, contrato. O memorial de pedra é um testemunho para que não se interrompa o vínculo da obrigação, *Josué*, 4, 7. Onde caía um raio, os romanos cercavam o local com uma defesa de pedras. Era o *Putial.*

Na orla das estradas brasileiras a pedra na Cruz recorda todos esses elementos religiosos, esparsos na memória do Homem e no tempo do Mundo...

CASTIGO AOS SANTOS

Coimbra Trombone, "Chorão" da velha guarda boêmia no Rio de Janeiro imperial, convidado para um pagode suburbano de batizado, ajoelhou-se ante Santa Rita, sua padroeira, pedindo que não o deixasse beber demais. Regressou totalmente ébrio, transportado como carga inerte nos ombros robustos de um carregador. Num ímpeto de represália, apanhou a dúzia de ovos trazida pelo seu portador, e atirou-os, um a um, na imagem, surda à prévia súplica de abstinência. Li o caso em Alexandre Gonçalves Pinto: (*O Choro*, 96, Rio de Janeiro, 1936). Para Coimbra Trombone a imagem era entidade materialmente sensível e viva. A Santa do Céu e o "vulto" de madeira confundiam-se na integração devota.

Assim pensaram Espartanos, Gregos e Romanos, amarrando seus ídolos, ameaçando-os de açoites e abandono de culto. Meninas ansiosas ou veteranas na idade, separam o Menino-Deus dos braços de Sant'Antônio, até que o noivo apareça. Põem o Santo mergulhado em poço ou cisterna, para finalidade idêntica. Ameaçam as Almas do Purgatório deixar de orar por elas. Não ousam essa intimidade a Nossa Senhora e às pessoas da Santíssima Trindade, provocando castigos fulminantes.

Coimbra Trombone não coagira mas castigara sua madrinha celestial, esquecida do socorro solicitado. Esse processo despique na humana lógica, aplicado a *lo divino*, é que reaparece nos registos orais sertanejos no plano dos anedotários tradicionais. Denuncia a ilimitação da Fé na representação física da Divindade.

O velho Joca d'Olanda, agricultor no município de Augusto Severo, Rio Grande do Norte, retirou os Santos do oratório doméstico e enfileirou-os na parede do açudeco, anunciando arrombar, não resistindo ao impulso das águas avolumadas pelas chuvas incessantes. Às pessoas familiares que gritavam socorro às imagens balançando no rebordo da oscilante vedação, respondia peremptório: – *vão porque querem ir!* O paredão desmoronou-se ao final e os Santos sumiram-se na ruidosa avalanche. Narração de meu Pai (1863-1935).

O Presidente Juvenal Lamartine de Farias (1874-1956) contava-me de um pequeno fazendeiro no Seridó que, ante os prenúncios iniludíveis da Seca, promovera novenas e orações fervorosas e contínuas diante do "oratório aberto", rodeado de velas votivas. Ele próprio, pecador profissional, associava-se, contrito, às rezas bradadas e angustiosas para afastar o flagelo iminente. A *seca* tornou-se positiva, estorricando o pasto, esvaziando o bebedouro, matando o gado, anulando todos os recursos. A solução desesperada e derradeira seria para os vales úmidos do distante litoral.

Antes de partir, com as lágrimas nos olhos quentes, amarrou imagem por imagem no topo dos foguetes existentes em casa, e soltou-os no terreiro, para o alto, cada qual escudeirando um Santo de antiga confiança. E ao faiscar do rojão, gritava, sublimando a desilusão convulsa: – *o lugar de santo é no céu! o lugar de santo é no céu!...*

E as pequenas imagens atravessavam o espaço, na desforra da violência, no rumo do Céu implacável.

AOS SANTOS INOCENTES

*D*epois da *Noite de Festa*, aos sete e nove anos, recordo-me ter sido levado pela ama Benvenuta de Oliveira, Utinha, para um almoço em companhia de uns meninos e meninas na Rua Ferreira Chaves e depois na Avenida Sachet (Duque de Caxias), em Natal. Ao findar, fomos brincar enquanto as acompanhantes serviam-se de um cardápio trivial. Houvesse anormalidade, teria lembrança. Nessa época, viajando de Natal ao Recife pela Estrada de Ferro, dormia-se em Guarabira, Paraíba, prosseguindo-se na manhã seguinte. Meus pais hospedavam-se na residência de um comerciante, Saraiva, magro, solene, conversador. Lembro-me que numa destas vezes, creio que em 1908, deixamos a casa em plena efervescência festiva para um almoço às crianças. Pertencendo à classe dos credenciados, lamentei continuar a jornada sem saborear os quitutes que a Senhora Saraiva dedicaria aos pequenos paraibanos. Trinta anos depois atinei tratar-se de uma devoção aos *Santos Inocentes*, 28 de dezembro, constando caracteristicamente de uma refeição às crianças, máximo de oito anos. As meninas deveriam ter menos idade porque ficam "sabidinhas" muito mais cedo.

Na cidade do Salvador essa festa convergiu para os Santos Cosme e Damião, 27 de setembro, correspondendo aos *Ibejes* dos pretos nagôs, o *Caruru dos Meninos*, que terminou não tendo dia certo para a realização. De origem cristã e divulgação familiar, vulgarizou-se como sendo um culto africano por influência dos Candomblés sudaneses na Bahia e áreas sujeitas a sua jurisdição supersticiosa. Indubitavelmente existiu no Rio de Janeiro, onde há vestígios da comemoração doméstica e digestiva aos *Santos Inocentes*, primeiros mártires em louvor do recém-nascido Jesus de Nazaré. Pereira da Costa já não a regista no Recife, onde será de impossível ausência. Teria havido da Paraíba para todo o Norte porque ainda é contemporânea em Belém do Pará, cidade mística. Direi mesmo, aquém do Rio São Francisco. Para o Sul e Centro, ignoro, mas a presença será ecologicamente lógica.

Pelo interior do Pará as festas íntimas a São Lázaro, 11 de fevereiro, São Roque, 16 de agosto, a *Promessa aos Cachorros*, incluem, às vezes, convites a um certo número de crianças ou de virgens, presumíveis inocentes.

Na Europa católica, notadamente na França, os *Saints Innocents* possuíam comemoração popular e burlesca, mesmo na Corte, confundindo-se com a "Festa dos Loucos": *Fête des Saints Innocents, dite aussi. Fête des Fous*, com amplas liberdades licenciosas, fazendo-se proibir em meado do século XV mas sempre funcionando na predileção jubilosa e erótica de Paris sob a dinastia dos Valois. Cem anos depois da proibição ainda motivada a novela XIV no *Heptaméron* da Rainha Marguerite de Navarre, para onde envio a possível curiosidade.

Na Sé de Lisboa, véspera do *Santos Inocentes*, os meninos do coro elegiam entre eles o *Bispo Inocente*, até o dia seguinte governando o clero, visitando igrejas, distribuindo bênções, saindo em procissão, com o mesmo cerimonial litúrgico do verdadeiro prelado. Lembrava o *Imperador do Divino*, com as efêmeras prerrogativas majestáticas. O reverendo Cabido da Catedral oferecia um lauto jantar aos jovens coristas. Seria a origem do ágape, no mínimo desde o século XVIII, julgado pelo Povo ato devocional por ser promovido pelas autoridades eclesiásticas com anuência do Arcebispo.

No meu tempo de sertão não havia mostras religiosas exteriores, exceto dois Padre-Nossos e três Ave-Marias rezadas pelas velhas donas menos às vítimas meninas do Rei Herodes que aos "Anjos", falecidos "antes da idade da Razão", incluídos na polifonia celestial. Decorrentemente ocorreu nas populações vizinhas, idênticas em sangue, mentalidade, índice cultural. Faziam-na em Guarabira, Fortaleza, Parnaíba, Tutoia. Não seria oblação seguida e regular mas "Promessa" à Nossa Senhora da Conceição, outra invocação e possivelmente aos próprios *Santos Inocentes*, patronos infantis, com a *Anjo da Guarda*, face imutavelmente juvenil e louçã. Lentamente os *Santos Inocentes*, com bem pouca representação plástica, diluíram-se como centro intencional rogatório. A refeição é que restou articulada à outra entidade celícola, sempre no intuito de alegrar crianças numa compensação ideal ao martírio sofrido na Judeia. Festa privada sem nenhuma intervenção sacerdotal. As crianças não oram nem cantam. Comem, bebem refrescos. Brincam depois, Maria de Belém Menezes, colaboradora admirável, informa-me do Pará: – "A Sra. D. Clarisse Rodrigues da Silva relatou que no dia 16 de agosto fez um *Almoço dos Inocentes* em homenagem a São Roque. Anos há em que ela faz o almoço a 23 de agosto, dia de São Benedito, pois é pobre e junta os dois Santos numa só festividade, mas o Santo homenageado mesmo com o almoço é São Roque. Reúne doze crianças, desde as que já comem 'alguma comidinha', até oito anos no máximo. Oferece picadinho, galinha guisada, arroz, macarrão, purê de batatas.

As crianças sentam em esteiras, em torno da toalha estendida no chão. Terminado o almoço, amigas convocadas lavam as mãos das crianças e jogam a água nas plantas. À noite tem ladainha. Achei interessante ela contar que no meio da mesa põe uma imagem de São Roque (que mostra uma ferida na coxa), acompanhada de duas velas acesas e um copo d'água.

Perguntei-lhe para que a água e ela disse que era para a 'lavagem dos espíritos' e misericórdia, e que acha que nunca saiu nenhuma briga, nem houve 'desarrumação' de bêbados etc. (o bairro em que está a casa dela é muito atrasado ainda) por causa do copo d'água. Esta, depois de oito dias, é jogada na sapata da casa... Soube de um senhor de nome Antônio Rodrigues, que mora na Travessa Curuzu, 784, Bairro da Pedreira, cuja esposa oferece anualmente um almoço em honra de Nossa Senhora da Conceição a doze crianças. Fui até lá e ela me contou que, estando gravemente enferma, prometeu a Nossa Senhora da Conceição celebrar-lhe a festa com um almoço para doze crianças, o que vem fazendo há vários anos. Como os filhos estão crescendo, à noite querem festa e, disse-me o marido, a promessa está saindo cara, pois no ano passado (1971) chegaram a gastar, no total do almoço e festa, quase 800 cruzeiros!"

O número de convidados será de três (Santíssima Trindade) a doze (os Apóstolos) e mesmo que os *Santos Inocentes* não sejam homenageados nominalmente, reaparece o nome na sugestão dos componentes, *Almoço dos Inocentes*.

Em Portugal os *Santos Inocentes* provocavam ruidosa comezaina, sendo nos finais de dezembro, 27/28, consideravam prolongamento do *Natal* e antecipação de *Ano-Bom e Reis*, aquecendo com vinho, canto e bailarico as tardes e noites frias do inverno. Essa "festada" não se aclimatou no Brasil. Nem houve eleição do *Bispo Inocente* ou a permissão de fustigar as raparigas surpreendidas no sono, *donner les Innocents* ou *bailler les Innocents*, no uso francês. Reduziu-se a uma refeição às crianças na idade das sacrificadas pela crueldade do Rei Herodes.

Essa seria a forma devocional, permanecendo na tradição brasileira.

OBRAS DE LUÍS DA CÂMARA CASCUDO
PUBLICADAS PELA GLOBAL EDITORA

Contos tradicionais do Brasil
Mouros, franceses e judeus – três presenças no Brasil
Made in Africa
Superstição no Brasil
Antologia do folclore brasileiro — v. 1
Antologia do folclore brasileiro — v. 2
Dicionário do folclore brasileiro
Lendas brasileiras
Geografia dos mitos brasileiros
Jangada – uma pesquisa etnográfica
Rede de dormir – uma pesquisa etnográfica
História da alimentação no Brasil
História dos nossos gestos
Locuções tradicionais no Brasil
Civilização e cultura
Vaqueiros e cantadores
Literatura oral no Brasil
Prelúdio da cachaça
Canto de muro
Antologia da alimentação no Brasil
Coisas que o povo diz
Câmara Cascudo e Mário de Andrade – Cartas 1924-1944
Religião no povo
Viajando o sertão
Prelúdio e fuga do real*

* Prelo

OBRAS JUVENIS

Contos tradicionais do Brasil para jovens
Lendas brasileiras para jovens
Vaqueiros e cantadores para jovens

OBRAS INFANTIS

COLEÇÃO CONTOS DE ENCANTAMENTO

A princesa de Bambuluá

Couro de piolho

Maria Gomes

O marido da Mãe d'Água – A princesa e o gigante

O papagaio real

COLEÇÃO CONTOS POPULARES DIVERTIDOS

Facécias

Impresso na gráfica das Escolas Profissionais Salesianas